招聘管理

RECRUITMENT MANAGEMENT

魏华颖 主　编
刘佰明 副主编

首都经济贸易大学出版社
Capital University of Economics and Business Press
·北京·

图书在版编目（CIP）数据

招聘管理/魏华颖主编. -- 北京：首都经济贸易大学出版社，2022.4

ISBN 978 - 7 - 5638 - 3287 - 3

Ⅰ.①招… Ⅱ.①魏… Ⅲ.①企业管理—招聘—教材 Ⅳ.①F272.92

中国版本图书馆 CIP 数据核字（2021）第 216050 号

招聘管理
Zhaopin Guanli
主　编　魏华颖
副主编　刘佰明

责任编辑	王　猛
封面设计	风得信·阿东 FondesyDesign
出版发行	首都经济贸易大学出版社
地　　址	北京市朝阳区红庙（邮编 100026）
电　　话	（010）65976483　65065761　65071505（传真）
网　　址	http://www.sjmcb.com
E - mail	publish@ cueb.edu.cn
经　　销	全国新华书店
照　　排	北京砚祥志远激光照排技术有限公司
印　　刷	唐山玺诚印务有限公司
成品尺寸	170 毫米×240 毫米　1/16
字　　数	233 千字
印　　张	16.25
版　　次	2022 年 4 月第 1 版　2022 年 4 月第 1 次印刷
书　　号	ISBN 978 - 7 - 5638 - 3287 - 3
定　　价	40.00 元

图书印装若有质量问题，本社负责调换
版权所有　侵权必究

前　言

目前，市面上招聘管理方面的教材其实已经很多了，那为什么还要再写一本呢？

首先，在笔者准备招聘管理这门课程的时候，发现有的需求是现有的教材满足不了的：在大力倡导课程思政的背景下，如何把育人与课程、专业结合起来，现有教材大多没有很好回答这一问题。中华文化博大精深，现在的很多理论和道理其实先贤们都曾经论述过。为此，本教材各章都有一些名言，把古人的智慧传递给今天的学生们。

其次，在科技快速发展的今天，越来越多的新技术引入到招聘管理领域，比如VR技术和大数据在人才评价中的运用等。笔者主持了教育部产学合作协同育人项目，因此想把这种新技术运用到我们的课堂上，让学生掌握人员甄选和人才测评的前沿方法，成为理论与实践相结合，管理与技术相结合的复合型人才。本书副主编刘佰明正是这些新技术的开发者和实践者，这也是校企合作的一个具体实践。

与此同时，本书学习和借鉴了很多前人的成果，在此一并表示衷心的感谢。

这本《招聘管理》，几经修改，终于完成，这里要感谢首都经济贸易大学出版社的支持，还有劳动经济学院的领导和同事对我的帮助。

另外还要感谢孙宏皓、王楠、岳鑫、宋嘉菲、张潇、张硕、李子昂的辛苦付出。

由于笔者水平所限，书中难免有不足和疏漏，还请各位同仁和读者批评指正！

目 录 CONTENTS

1 员工招聘管理概述 ·· 1
   1.1 招聘的基本含义及原则 ··· 1
   1.2 员工招聘的重要性 ·· 6
   1.3 员工招聘的影响因素 ·· 8
   1.4 员工招聘类型 ·· 22

2 招聘前的准备 ··· 35
   2.1 人力资源规划 ·· 35
   2.2 岗位分析 ·· 43
   2.3 能岗匹配 ·· 61
   2.4 其他准备工作 ·· 71

3 招聘计划的制订及发布 ··· 78
   3.1 招聘计划的制订 ··· 78
   3.2 招聘广告的设计 ··· 84
   3.3 招聘策略 ·· 88
   3.4 招聘信息发布渠道的选择 ·· 91

4 简历筛选 ·· 96
   4.1 提高简历投递量的策略 ··· 96
   4.2 岗位筛选技巧 ··· 100

4.3　确定合格人选 ………………………………………… 111

5　笔试测评 ……………………………………………………… 115
　　5.1　笔试准备工作 ………………………………………… 116
　　5.2　笔试常见内容 ………………………………………… 119
　　5.3　实施方法与技巧 ……………………………………… 129

6　面试测评 ……………………………………………………… 135
　　6.1　面试的概念 …………………………………………… 135
　　6.2　面试的准备工作 ……………………………………… 141
　　6.3　面试常用方法 ………………………………………… 144
　　6.4　面试的实施与技巧 …………………………………… 152
　　6.5　面试与法律 …………………………………………… 157

7　背景调查 ……………………………………………………… 159
　　7.1　背景调查的目的与意义 ……………………………… 159
　　7.2　背景调查的类型与方式 ……………………………… 161
　　7.3　背景调查的内容 ……………………………………… 163
　　7.4　背景调查的流程 ……………………………………… 165
　　7.5　背景调查应注意的问题 ……………………………… 166

8　员工录用管理 ………………………………………………… 169
　　8.1　体检 …………………………………………………… 170
　　8.2　新员工入职 …………………………………………… 171
　　8.3　签订劳动合同 ………………………………………… 175
　　8.4　新员工培训与上岗 …………………………………… 179

9　招聘工作评估 ………………………………………………… 188
　　9.1　招聘评估概述 ………………………………………… 189

9.2　招聘成本评估 …………………………………………… 197
9.3　录用人员评估 …………………………………………… 202
9.4　招聘工作总结 …………………………………………… 205

10　新兴技术与招聘管理 ………………………………………… 209
　10.1　基于 VR 的大数据测评技术 …………………………… 209
　10.2　智能化招聘技术——AI 创新 ………………………… 238

参考文献 ………………………………………………………… 249

1 员工招聘管理概述

学习目标

1. 了解招聘的基本概念及原则
2. 认识员工招聘的重要性
3. 了解员工招聘的影响因素
4. 熟悉员工招聘类型

名言指路

得贤人,国无不安,名无不荣;失贤人,国无不危,名无不辱。

——《吕氏春秋·求人》

治安之本,惟在得人。

——唐太宗李世民

1.1 招聘的基本含义及原则

1.1.1 招聘的概念

招聘,又称招募,是指在组织总体发展战略规划的指导下,为了实现组织的经营管理目标和完成工作任务,根据人力资源规划所确定的人员需求制定相应填补空缺岗位的计划，采取不同方法及渠道，广泛吸引具备相应资格条件的人员应聘，通过一定的方法和工具考察和筛选，从中选出组织需要的人员并予以录用的过程。

招聘是联系组织与潜在员工的桥梁。应聘者可以在招聘过程中了解组织并决定是否愿意加入其中；组织则通过招聘环节，从众多应聘者中甄选出与组织适配度最高的员工。招聘不仅是人力资源管理部门重要的日常工作，而且已成为现代组织宏观层面的总体性、战略性任务。了解以下与招聘相关的内容有助于深入理解招聘的概念。

1.1.1.1 员工招聘与其他人力资源管理模块具有密切联系

招聘工作与其他人力资源管理职能关系紧密，构成统一整体。员工招聘有两个前提：一是制订人力资源规划；二是进行工作分析。人力资源规划是对组织需求和市场供给进行分析与预测的过程，其根据组织总体发展战略和人力资源规划情况，确定既定岗位所需人才的数量和类型。工作分析则需要分析组织中不同岗位的职责、对能力与素质的要求以及对专业等方面的要求。工作分析可为招聘打下坚实基础，提供岗位的参考依据，同时也为应聘者提供关于岗位的详细信息。工作分析可对空缺职位的工作作出描述，界定应聘者与岗位的适配标准。作为人力资源管理的基础性内容，人力资源规划和工作分析使得员工招聘能够建立在科学的基础上。薪酬和福利制度会影响招聘的难易程度，较高的薪酬和有竞争力的福利往往可以吸引到质量更高的人才。

1.1.1.2 应谨慎开展员工招聘活动

对于组织来讲，招聘是成本与效益权衡的过程：一方面权衡招聘成本与人才所能为组织创造的价值；另一方面权衡组织所能提高的生产效率与引进人才所带来的人力成本。因此，在决定开展员工招聘活动前，应考虑是否有其他方法与途径，能够解决劳动力短缺与生产力不足等问题，如将工作外包、寻找兼职人员和临时雇员，或者提升绩效工资与加班工资等。

1.1.1.3 招聘宣传须兼顾科学与艺术

在招聘活动中，宣传招聘信息是必不可少的，内部招聘时可在内部网站进行公告，外部招聘时可利用广告牌与互联网发布各类招聘广告等。而进行招聘宣传的目的在于通告所有具备岗位条件的人员，通过薪酬、福利、待遇等吸引其参与岗位竞争，从而为岗位选择最优人选。如果招聘信息无法吸引目标员工或发布信息的渠道及设计缺乏科学性，则会降低招聘水准，出现"降格以求"的现象，无法真正获取最适合组织的员工；而如果招聘的条件设置过高，就有可能使组织错失人才。

1.1.1.4 成功招聘需做到人岗匹配

招聘活动成功的评判标准是做到"职得其才，才适其用"，即能力与岗位互相适配。检验招聘工作的标准包括：管理人员对新员工的满意程度；录用的员工对工作和组织的满意程度；招聘后一定时期离职人员的比例；招聘的成本与收益；新员工岗位工作完成的情况，等等。

总之，招聘是组织获取合格人才的渠道，是组织为了生存和发展的需要，根据人力资源规划和工作分析的要求，通过招聘宣传与遴选，获取组织所需的优秀人才的过程。

1.1.2 招聘的基本原则

1.1.2.1 合法原则

在招聘过程中，组织应严格遵守《中华人民共和国劳动法》及与劳动相关的法律、法规，坚持平等就业、双向选择、公平竞争，反对性别歧视、年龄歧视、信仰歧视和种族歧视，尤其对弱势群体、少数民族等应该予以保护和关心。

1.1.2.2 公平竞争原则

公平竞争是指对所有应聘者一视同仁，不人为制造不平等的优先优惠政策等各类不公平的限制和条件，采用严格的标准和科学的方法对申请人进行测评和选拔，并严格根据测评的结果确定人选。招聘过程应做到信息公开、竞争公平、选拔公正。公平竞争原则体现在以下几个方面。

（1）招聘信息和方式公开

招聘信息和方式公开可以保证所有应聘者都能了解相关信息，可将招聘前期的准备工作公之于众，以免出现操作不规范的情况。

（2）程序公平

所有应聘者所经历的招聘活动流程应完全一致，不能出现因人而异的情况。

（3）招聘题目和内容公平

题目设置应符合国家及行业政策法规，不因应聘者经历和背景的不同而设置不同的题目。该原则一方面可为社会上的人才提供公平竞争的机会，达到广招人才的目的；另一方面可使招聘中的重要流程置于社会的监督之下，能有效防止不正之风。落实这一原则可使得整个招聘过程有组织、有计划，甄选录用程序严格统一，录用决策科学合理。

1.1.2.3 效率优先原则

效率优先原则体现在招聘成本的控制上，追求以最低的成本获取最满意的结果。提高效率是一个复杂的系统性工程，它需要将人力资源规划、招聘准备、招聘过程以及招聘评估等各环节整合协调，通过整个招聘体系的科学化来保证招聘的效率。

1.1.2.4 双向选择原则

双向选择原则是指招聘是组织和应聘者双方共同选择的过程。组织根据自身战略发展和现实运营的需要自主选择合适的人员，应聘者则根据自身的能力和愿望，结合劳动力供给的状况自主地选择岗位。组织不能只体现自身的意志，一味地去选择，而更应当考虑空缺岗位所需人才的需求，创造吸引他们的条件。组织应意识到自己是在整个劳动力市场中与竞争对手争夺人才。组织在选择人才的同时，人才也在衡量组织是否有足够的吸引力。组织必须了解竞争对手吸引人才的策略，并据此确定自己的招聘标准。落实双向选择的原则，一方面有利于提升组织的形象，吸引更多应聘者，并不断提高效益；另一方面也能使应聘者获得满足其自身需求的岗位。

1.1.2.5 全面原则

遵循全面原则即采取全方位、多角度的评价方法，通过对申请者的上级、下级、平级同事及其直接或间接服务的客户进行德、能、勤、绩、廉等方面的调查，客观地衡量申请者的竞争优势和劣势及其与职位、组织间的适配度。综合考虑群体成员理想、信念与价值观的一致性和群体成员之间的专业、素质、年龄、个性等方面是否能优势互补，相辅相成。

1.1.2.6 人岗匹配原则

招聘录用时，必须做到"取得其才，才适其用"，做到能力和岗位的匹配，即所谓让最适合的人在最恰当的时间处于最合适的位置。招聘准备工作中的工作分析是对空缺岗位的工作性质做出详细描述。遵循人岗匹配原则就是在开展招聘工作时，根据工作分析来选择与其相匹配的人才。要采取科学的考试、考核方法，精心比较，谨慎筛选，综合评判应聘者的思想品德和工作能力，既要防止选用庸才，也要防止将能力显著超过岗位要求的人员选聘到该岗位上。有些组织在招聘时盲目追求高学历、高职称，不考虑拟招聘岗位的实际需求，结果员工短时间内跳槽，浪费大量人力物力。招聘到最适配的人才不是目的而是手段，最终的目的是每一岗位上的人员均最合适且成本最低，从而达到组织整体效益最优。

1.1.2.7 系统性原则

招聘是系统性的工作，包含了诸多环节，且每个环节都与其他人力资源管理工作有着密切联系，相互作用、相互影响。如果各环节之间协同配合出现问题与混乱，无法进行有机的衔接，则可能出现人员选拔的失误。因此，招聘时要秉承系统性原则，以协调各环节，提高效率。

1.1.2.8 重视职业素养与道德品质原则

职业素养应包括三个要素：完成工作所需的素质、对岗位工作的责任心、对职业的忠诚度。组织要积极把握高科技人才与创新型人才，着眼于战略规划和未来发展。道德品质方面的要求是指除了遵纪守法外，还要有内外兼修的高尚品德，待人诚实，为人宽厚，善于协作，既有仁爱之心，又有严谨的行为准则。招聘时，不可过于重视才华而忽视品德。习近平总书记多次强调选拔任用干部要"坚持德才兼备、以德为先"，明确提出"什么样的人该用，什么样的人重用，都要把德放在首位"。

1.2 员工招聘的重要性

组织的发展离不开吸纳新人才。经济发展对于人才的要求逐渐提升，招聘是获得员工的主要渠道，是组织发展势头良好的标志之一，搞好组织人力资源管理具有重要意义。招聘工作作为组织人力资源管理的基础，一方面关系到组织人力资本的获取与提升，另一方面直接影响组织人力资源管理等其他环节工作的开展。其目的在于寻找并获得适合的员工，确立组织的竞争优势，完成组织的战略目标，同时帮助员工实现个人价值。如果招聘环节出现问题，新员工非但不能为组织带来效益，反而会成为扰乱工作、破坏规章制度的导火索，不利于组织发展。有效的员工招聘具有重要意义，主要体现在以下方面。

从短期看，招聘是为组织当前空缺的岗位寻找符合要求的人员，以实现组织正常运行。岗位空缺通常源于员工离职或退休、内部流动或业务扩张等因素，如果不能及时弥补岗位空缺，组织的工作会受到影响，而招聘恰恰可以解决短期的工作与发展需求。

从长远来看，招聘应着眼于组织的战略目标和未来发展，挖掘潜在人才与创新型人才，构建人才梯队，推动实施人才开发计划，以提升组织的核心竞争力，实现组织长期持续稳定发展。

1.2.1　提高组织核心竞争力

组织竞争的实质是人力资源的竞争，而招聘工作的质量则直接影响组织人才引进的质量。人力资源为组织核心竞争力的重要组成部分，招聘工作位于人力资源管理流程的上游，作为组织人力资源管理基础，直接影响组织人力资源管理其他环节工作的开展。拥有高素质员工，才能保证产品和服务的高质量；拥有高素质技术人员，才能保证组织的研发计划高效有序地推广实施。通过科学的流程和手段，有效的招聘能够确保录用人员符合组织需求，胜任岗位职责，迅速融入组织，带来新的工作思路与方法，激发部门创新灵感，进而提高工作效率，提升组织核心竞争力。

1.2.2　为组织注入新的活力

新员工特别是从外部招聘渠道获取的员工，既可为组织注入新鲜血液，弥补组织内部人力资源的不足，同时又将新的管理思想和工作模式带入工作中，可以推动组织的制度创新、管理创新和技术创新。员工在同一岗位工作时间较长，容易产生职业倦怠，而人员流动会使员工感受到来自新岗位与新同事的压力与挑战，从而调动其工作积极性与创造性，激发员工的内在潜能，优化人力资源配置，使得组织人才结构、层次、质量和数量更加符合组织战略的需要。

1.2.3　展现良好组织形象

招聘工作也是组织与外界交流展示的窗口。在招聘活动中，组织可以利用电视、报纸、广播等媒体，采取各种各样的招聘方式开展招聘活动。招聘过程需要与高等院校、人力资源市场、猎头公司、职业中介机构等各类机构沟通，这样不仅可以帮助组织招到所需的人才，在一定程度上也可以起到推销组织、传播组织文化的作用。人员招聘也是组织代表与应聘者直接沟通的过程，这为树立组织形象和展示组织文化提供了良好的契机，通过宣传组织文化、展示综合实力、提供优厚条件、表现尊重人才的理念，有利于吸引到更多高质量上的应聘者，同时提升员工忠诚度，降低应聘者短期内流失的可能性。

1.2.4 增强组织内部凝聚力

有效的双向选择可使员工愉快地从事相关的工作，有利于建立和谐的人际关系、轻松愉悦的工作环境和高效的团队合作，有利于增强新员工对组织的忠诚度，减少短期内离职带来的损失，增强组织内部凝聚力。

1.3 员工招聘的影响因素

组织在员工招聘中的行为方式会受到各种内部与外部因素的制约、影响。组织中新员工的招聘渠道、招聘和录用等均受制于其所处的社会和经济环境，且受组织发展阶段与战略等方面因素影响。

1.3.1 影响招聘的外部因素

1.3.1.1 国家法律、法规和政策

国家的法律、法规和政策明确了组织进行员工招聘的对象选择与限制条件。《中华人民共和国劳动法》（以下简称《劳动法》）规定组织在招聘员工时必须遵循平等就业、公开竞争、照顾特殊群体（如妇女、残疾人等）、禁止使用童工、先培训后就业等原则。

以《劳动法》为基准，我国已经颁布诸如《中华人民共和国劳动合同法》《禁止使用童工规定》《中华人民共和国劳动争议调解仲裁法》等一系列与招聘和录用有关的法律、法规和规定，因此，组织在制定招聘计划和实施录用决策的过程中，必须充分考虑现行法律、法规和政策的有关规

定，以防出现违法违规的行为，避免产生法律纠纷，导致组织人力、物力、财力及组织形象遭受不必要的损失。

另外，国家政策对组织员工招聘会产生重要影响。改革开放前，国家对城镇居民劳动力就业实行"低工资、高就业"的工资制度；改革开放后，国有组织改革不断深化，减员增效政策促使组织裁撤冗员，推动剩余劳动力向第三产业转移。另外，对于华裔和外籍高级知识分子的服务政策、归国留学生的创业扶持政策以及地方高科技园区建设相关优惠政策等都极大地改变了就业人员的供给和需求。政策支持吸引了一大批留学生归国创业、就业，这些学成报效祖国的人才优化了我国知识、素质及专业结构。

长期以来，严格的户籍制度一定程度上阻碍了人才的自由流动，降低了人才招聘和配置工作的效率，但近年来各地户籍管理逐渐放宽，对特殊行业人才落户实施激励，为组织的员工招聘工作提供了较大便利。

1.3.1.2 宏观经济形势

（1）宏观经济形势影响对员工的需求

员工招聘经常会受到国家和地区宏观经济形势的影响。经济发展迅速时，各行业对人才的需求呈现旺盛的态势。经济不景气时，各类组织对人员的需求就会相应减少。例如，1997年亚洲金融危机与2008年世界金融危机影响下，受波及地区出现经济萧条、失业率明显上升等情况，各类组织为控制成本，员工招聘数量急剧下降。

我国在经济发展过程中，随着经济周期性波动，人才的需求不足和过剩交替出现。诸如信息和金融等拉动经济增长的行业对人才的需求急剧上升，招聘的员工数量相对较多；而一些增长缓慢的行业则招聘活动减少，并出现人才供过于求的局面。从全局观察，随着我国经济持续稳定增长，特别是高新技术产业迅猛发展，对各类人才的需求均会有所增加。

此外，根据行业生命周期理论，行业的发展也会对招聘工作产生影响。受到国内外经济状况、行业特点及国内宏观经济结构的影响，各个行业的发展潜力有所不同。例如，"新基建"中的电子信息、现代生物技术等行业发展前景良好，能够创造较高利润，因此吸引大量劳动力涌入；而有些行业发展前景欠佳，一些传统工业部门甚至被称为"夕阳产业"，这些行业已处于行业生命周期中的衰退期，产品销量低且附加值低，行业工资相对较低，无法吸引更多劳动力加入。

（2）政府宏观经济调控直接影响组织的规模，进而影响组织招聘策略

政府对宏观经济的调控会对部分产业产生影响，进而从多方面影响组织招聘活动。例如，政府税收优惠等支持政策，会影响组织资金周转，从而影响资金的分配，进而影响组织人力资源招聘策略与招聘规模。

（3）通货膨胀直接影响组织招聘成本

通货膨胀会增加组织招聘成本，如交通费用、招聘宣传费用及新招聘员工工资等成本均有所上升。

1.3.1.3 技术进步

技术进步对组织员工招聘的影响反映在以下三个方面：一是技术进步引发招聘岗位分布及岗位技能需求调整；二是技术进步影响招聘数量；三是技术进步影响应聘者的素质。

（1）技术进步推动产业升级，影响劳动力在不同产业中的分布

随着技术的进步，我国不同的地区、职业和产业的分布出现不平衡，例如纺织工人和公共汽车售票员等职业的从业人数骤减，传统胶片相机已被数码相机和手机等各类电子产品所取代。上述领域的从业人员都会受到影响，相关产业也进入不同发展周期，影响招聘活动。再如，随着互联网、大数据等技术的广泛应用，工程师和计算机程序员等职业的从业人数猛增。总体来说，从职位的分布和数量来看，技术进步对从事简单重复性工作人员的负面影响更大，蓝领被逐步替代，一些不适应时代的职业则逐步被淘汰。

（2）技术进步提升对就业者基础能力与素质的要求

技术进步要求就业者受教育水平更高，具备更先进、娴熟的技术。一部分员工会因个人技术过时无法适应岗位要求，被掌握更先进技术的人替

代。技术进步也会增加技能要求，例如无纸化办公要求相关人员必须熟悉计算机操作，以便加强沟通，提高效率。

（3）技术进步改变员工的工作和生活方式

"互联网+"的不断发展使人们可以更大范围地选择居住地而不影响工作。例如，软件设计、程序开发等人员可以在线上完成工作而不必花费大量时间赶到办公室工作，一定程度可以缓解交通拥堵状况。一些特殊的职业可以同时受雇于若干组织，弹性工作制能够使妇女平衡工作与生活之间的关系，雇佣双方的关系更灵活，更加人性化。

1.3.1.4 劳动力市场状况

劳动力市场是开展招聘工作的第一平台和主要场所。组织的招聘计划、范围、来源、方法和所需的费用等均受到劳动力市场状况的影响。为了有效地开展人力资源招聘工作，招聘人员必须密切关注劳动力市场状况的变化。

（1）劳动力地域特征差异显著

随着招聘职位所需技能要求的提升，招聘范围也将随之相应扩大。在经济发展进程中，我国存在发展不平衡的问题，东部地区的快速发展和西部地区的缓慢增长，造成了我国各地区人才分布不均衡。人才持续从中西部地区向东部地区流动，在推动东部地区经济发展的同时，也使得东部地区人才相对充足甚至饱和，组织更容易招聘到胜任的员工；而中西部地区本身人才相对匮乏，加之外流严重，使得组织可能在一定时间内都无法获得合适的人才。为此，国家为缓解劳动力的空间分布不均，推出"西部大开发"和"中部地区崛起"等一系列战略性方针及政策，鼓励各类人才到经济相对落后的地区工作。

（2）劳动力市场的供求变化直接影响就业及招聘的质量

供求关系是影响劳动力供给的重要因素。当劳动力供给高于需求时，会出现劳动力过剩，更易进行员工招聘，组织有可能压低劳动力成本；反之，如果劳动力供给低于需求，劳动力紧缺使得招聘工作难度提升，则会增加招聘成本。在新的经济形势下,我国劳动力市场正在发生深刻变革。随着人口老龄化进程加快,劳动力供给不仅增速下降,规模也开始减小,呈现人口增速下降、适龄劳动人口下降、劳动力人口下降、劳动参与率下降、就业人数下降和职位倾向供过于求的特点。

阅读材料1-1

2020年新冠肺炎疫情的出现,使国内外形势前所未有地困难,就业与经济均面临极大压力。对此,中央提出"六稳""六保",其中就包括保居民就业和稳就业的内容,具体如下:

①加大政策支持力度,继续推动新就业形态发展。新冠肺炎疫情突如其来,"新就业形态"也脱颖而出,要顺势而为。

②国务院推动央企积极吸纳高校毕业生。2020年2月下旬,国资委接连发出通知促进稳就业,要求中央组织确保实现2020年度接收高校毕业生人数等总数不低于2019年度。广大央企踊跃参与专项招聘行动,切实履行稳就业、惠民生等社会责任。国资委统一组织央企和有关单位开展"抗疫稳岗扩就业、国资央企在行动"大型网络招聘活动。

③拓展农民就业增收渠道。2020年政府工作报告中提出,支持农民就近就业创业,扩大以工代赈规模,让返乡农民工能打工、有收入。

在上述具体政策的推动下,各种岗位对于劳动力的需求不断增长,即稳定了劳动力供求关系,使劳动力与岗位数量相匹配,保障了就业情况与质量。

(3) 供给结构

在我国劳动力市场中,人才供给结构同样存在较大差异。目前人才供给质量亟待提升,劳动力供求结构性矛盾加剧,具体表现为不同知识类型的人才供给不均衡。

1.3.1.5 产品所在市场状态

组织产品的市场影响求职者的选择。组织产品的市场占有率高，能够得到社会和消费者的认同，表明产品在市场中具有竞争力，也反映出组织良好的发展态势。产品的市场获利能力强，最显著的特征便是组织资金流量充足，员工薪酬福利水平较高。上述两点对于吸引优质人才应聘会产生积极作用。另外，产品的市场前景与组织未来的发展方向直接影响组织对高层次、高科技人才的吸引力。

1.3.1.6 其他因素

（1）城市环境状况作为共享资源会影响招聘活动

城市环境状况作为一种公共物品，也是组织能否获取更多优质人力资源的一个重要外部影响因素。城市中优质的基础设施、环保、交通、通信等资源可供所有人共享，身在这些城市的组织就有更大机会招聘到更具竞争力的优秀人才。城市的地域文化与风土人情也会影响求职者的选择。

（2）城市的社会保障水平与组织的招聘可形成良性循环

城市的社会保障水平高，同样也对人才有极大的吸引力。瑞典、新加坡等国家，国内的上海、深圳等地的社会福利水平高，医疗、失业、养老有保障，更易于集聚人才。

1.3.2 影响招聘的内部因素

1.3.2.1 组织的经营战略

（1）组织的经营战略影响招聘人员的数量

组织发展战略一般分为三种类型：成长战略、稳定战略和收缩战略。组织不同的发展战略对人员的需求量不同。例如，扩张型战略需要加大招聘力度，紧缩型战略则需要裁减人员。组织若处于快速发展时期，对人力资源会产生更大的需求。

战略管理领域先驱迈尔斯和斯诺1978年在《组织战略、结构和方法》

一书中提出了经典且常用的组织经营战略类型,包括防御型战略、探索型战略和分析型战略三种组织经营战略。表1-1给出了三种不同类型组织采取的战略类型与招聘决策的对比。

表1-1 三类组织战略类型与招聘策略对比

		防御型战略	探索型战略	分析型战略
组织经营	外部环境	外部市场较稳定	外部市场变化快	介于二者之间
	产品研发	注重产品的改进	追求产品创新引领市场潮流	关注领先者动向,产品保持一定的领先性
	生产特点	强调成本控制和效率的提升	强调产品设计和产品质量	强调产品的成本和生产效率
	市场管理	局限于产品销售	重视市场调研工作	重视市场调研和销售
	招聘策略	以内部招聘为导向	以外部招聘为导向	二者兼而有之

资料来源:RAYMOND E MILES et al. Organizational Strategy, Structure, and Process [J]. The Academy of Management Review, 1978, 3 (3): 546-562.

采取不同类型战略的组织应采用相应的招聘方法。防御型组织倾向于内部招聘,基层岗位采用招聘新员工的方式,高层岗位则采用员工晋升的方法。探索型组织倾向于在所有层次的职位上都雇用有经验的员工。分析型组织既注重内部员工晋升,也关注外部经验丰富的员工,高层岗位更多采用外部招聘方式。

在比较狭窄且稳定的市场上经营的组织,通常采用防御型战略,招聘时应注意那些有财务金融和生产制造背景的人,以稳定市场份额;探索型组织招聘时应特别注意那些有产品研发和市场开发背景的人,以开发新产品和新市场;分析型组织由于需要面对复杂的市场,在招聘中应注意发掘具有应用研究、市场开发及生产制造才能的人员。

(2) 组织文化会影响组织招聘的标准

组织文化是组织中全体员工在长期的经营活动中培育形成并共同遵循的组织精神、价值观念及行为准则的总和。它也是应聘者对组织的第一感觉。组织一般根据应聘者的价值观念和行为方式是否与组织文化相适配来决定是否聘用。例如，国内企业科大讯飞和大疆考察应聘者时注重创新性思维能力；老牌电梯公司奥的斯及化工巨头巴斯夫则注重员工忠诚度；海底捞等中高档餐饮企业特别注重员工的仪表及行为规范。从应聘者的角度来看，他们也会考量组织文化与个人特质的匹配度，从而选择更加适合自己的公司。因此，组织应经常检查、评估自身形象，不断调整完善。

阅读材料1-2　先对员工好，再对顾客好

胖东来展现出的服务质量非常高，服务意识强：担心中老年消费者看不清货架上的标签，在一旁摆放放大镜供其使用；为不同需求的人群提供7种不同类型的购物车；几十年如一日坚持无理由退换货服务；公示消费者的投诉意见，等等。胖东来的服务体现在各种台前幕后的细节上，体现出良好的组织形象与员工精神风貌。胖东来超市的员工需要遵守的管理制度有438条，从仪容仪表、业务实操、环境卫生到健康安全等，各个部分均有详细规定。

在所有服务里，最受消费者欢迎的还是胖东来的无理由退换货服务。胖东来对"无理由"十分包容，在胖东来买到的衣服，一个月后发现不喜欢其版型样式，也可以拿回售后柜台退款。其中一个分店每日处理的退货商品价值约为五六千元。退货款相较营业收入虽然不过九牛一毛，但无理由退换货却极大增加了消费者的信任感。

创始人于东来谈到，建立在"自由和爱"土壤上的标准化体系是胖东来最核心的竞争力。他的理念是顾客作为最重要的资产，既包含外部顾客——消费者，也包含内部顾客——员工，"老板只有服务好内部顾客，那么员工才能对外部顾客服务得尽善尽美"。胖东来入围2016年中原人气雇主百强榜，打造良好的雇主品牌即是最好的证明。

除了良好的薪酬福利及人性化待遇，胖东来无处不在的企业文化同样

彰显其价值观。超市随处可见胖东来的企业标语——自由和爱。员工进入公司后都实施了详细的职业与生活规划。在胖东来，员工不以职位相称，而以哥与姐相称。在企业文化方面率先践行"先对员工好，再对顾客好"的理念。

1.3.2.2 岗位类型

岗位根据性质一般可划分为两类：一类为适需性，即填补岗位的空缺；另一类为储备性，为组织未来的发展提前进行储备。对于适需性的岗位，大致可分为管理型、特殊型和普通型三种。不同类型岗位的招聘无论方式、手段和成本均有较大差异。

招聘高层管理者需综合使用多种方法。高层管理者对组织发展前途起到引领作用，角色至关重要，因此必须慎重选择。根据习近平总书记的人才观，必须坚持"德才兼备，以德为先"的用人标准，《资治通鉴》说"才者，德之资也；德者，才之帅也"，即品德是才华的统帅，而才华是品德的辅助。为此，可以采用综合选才法，由猎头公司、评价中心、组织内外的专家学者推荐，组织也可以自己发布信息、广招博征、举行多轮测试，还可以同时采用多种方法。目的在于遴选到最适合的人才，而成本不应是考虑的核心问题。

招聘特殊人才可借助猎头公司和专业的评价中心。特殊人才是指适合特殊行业的专业人才，包括组织所需的一些经验充足的高级技工和受过专业特殊训练的人才，如航空公司的飞行员、学科带头人、某项技术的专利权人等。

招聘普通员工则应考虑节约招聘成本。对组织而言，对普通员工的需求量较大，要求招聘方法简单易行，且招聘成本低。这些员工，一部分会在组织长期工作，逐步发展为中基层管理者；另一些员工则流动频繁，难以持续在组织内工作，因此必须考虑招聘成本。

招聘储备型人才要与组织发展战略相结合，考虑到短期安排和他们的长期发展。诸如管培生等储备型人才的招聘是招聘中的难点，但对于组织战略发展，尤其是获取未来竞争力而言至关重要。对此，必须与组织长远发展目标相结合，谨慎选才，同时综合考虑此类人才目前的安排与未来的发展。招聘时，首要的是甄选人员质量，不应过多地考虑成本。例如，康希诺公司为员工提供了职业发展的双通道，鼓励员工结合自身能力与兴趣，选择适合自己的发展通路，从而实现个人与企业共同发展。康希诺认为员工的成长与企业的成功同等重要，从新进员工到专业人才再到中高层管理人员，康希诺鼓励员工在发展中提升综合能力并实现自我价值。企业通过提供一系列高度契合岗位需求的职业素养、专业技能培训课程和公平的晋升机制，为员工提供职业发展资源，促进其多元化发展。同时，康希诺重视管理技能培养，通过推行"优才计划"，制订完善的学习和发展方案，助力管理人员的成长由优秀到卓越。

1.3.2.3　组织形象和自身条件

（1）组织的声望

根据品牌效应，著名企业以其在公众中的良好形象与声望，能够相对容易地吸引大量的应聘者，从而在相对更大的人才基数中进一步开展甄选录用工作。

（2）雇主品牌管理

员工在组织工作中积极的感受和经历，以及组织对其雇主品牌全方位的宣传，能够提升组织的无形资产，塑造雇主正面的品牌形象，提高其知名度和美誉度，使其在人才竞争中形成独特优势，从而击败品牌较弱的竞争对手，吸引潜在的优秀雇员。组织为雇员提供良好的工作环境、薪酬体系和学习发展等利益，目标是锁定组织发展需要的人才。例如，2017年度中国最佳雇主30强之一海康威视，在"智造"时代加速提高人才的能力，让人才和组织同步成长，海康威视优秀的人才管理为组织的发展提供了源源不断的动力。海康威视人力资源团队致力于找出能够影响未来的优秀苗子，给予其快速发展机会，充分体现人才价值。公司从人才选拔的科学性入手，创新激励模式，树立正确价值观，注重挖掘年轻人创新力。企业良好的人才培养模式可提高组织美誉度，从而吸引大量人才前来应聘。

1.3.2.4 组织的发展阶段

组织不同发展阶段需要不同的招聘方式和招聘规模。对于成长期的组织来说，其主要招聘任务为满足组织对各类人才的需求，尤其是中高层管理者、研发设计人员和技术人员；相较处于成熟阶段或衰退阶段的组织，其招聘规模更大，招聘信息应更加强调为应聘者未来发展提供机会。而处于成熟期的组织则会在招聘信息中强调其工作岗位的稳定性和较高水平的薪酬福利，招聘工作更多是为了填补员工离职后的岗位空缺。如果组织处于衰退期，常常会同时实施裁员和招聘计划，主要目的在于保持组织员工的最佳年龄结构，此时，甄选录用以年轻、优秀及少量为原则。在复杂多变的经济社会环境下，人员招聘计划必须根据实际情况的变化而不断调整，以使得效用最大化。

1.3.2.5 组织的管理水平

组织的管理水平对组织人力资源招聘的影响主要体现在以下三个方面：

首先，组织领导者的水平和能力是许多应聘者求职时优先考虑的因素。管理既是科学也是艺术，应聘者若认为领导者具备较高水平与能力，可能愿意放弃部分物质待遇。

其次，招聘过程也能体现出组织的管理水平。组织的管理水平越高，各项管理规章制度越规范合理，招聘的效率就越高，越能够遴选出与组织真正匹配的人员。

最后，在招聘过程中，招聘人员的形象与行为也会影响招聘工作。招聘人员作为对外展示的窗口，言谈举止均代表组织形象，仪表端庄、热情高效、耐心细致、知识渊博的形象，既能提高招聘效率，也能给公众尤其是应聘者留下良好的印象，形成品牌效应，有利于吸引高素质的应聘者。

1.3.2.6 组织的薪酬福利

在员工招聘过程中，公平且在行业中领先的工资和奖金以及完善丰富的福利保障措施是吸引优质应聘者非常实际且有力的"筹码"。社会主义市场经济以按劳分配为主、多种分配方式并存，"多劳多得"，因此待遇也被视为个人自身价值的体现。

1.3.2.7 组织的用人政策

组织高层管理人员的用人政策不同，对员工的素质要求也不尽相同。小米公司实施"技术为本"战略，把年轻工程师招聘、培养和激励作为核心工作之一。小米公司董事长兼首席执行官雷军亲自挂帅负责"青年工程师激励计划"，首批约700名优秀青年工程师入选，其中最小的入选员工只有24岁，包括一线研发工程师、测试工程师、产品经理、设计师等，总计获得1 604.2万股的股票（约3.5亿元）。华为公司则将招聘的重点对象放在了应届毕业生身上。这样做，最大的好处就是应届生"一张白纸好写字"，便于培养人才树立华为的价值观。这些应届大学毕业生从基层干起，一开始就接受华为企业文化的洗礼，再从中挑选出精英和骨干并层层晋升，可以让他们发挥出最大的效能，为华为做出更多贡献。同时，组织高层决策人员对内部招聘或外部招聘的倾向性，也会影响组织最终采取何种方式招聘。

1.3.2.8 招聘成本

在招聘信息发布方面，资金充足的组织可以使用较多的预算在线上投放招聘广告，也可以同时在大学等进行线下宣传。而招聘资金不足的组织一般缺乏宣传，在竞争中无法吸引更多优秀的人才前来应聘。但招聘成本也不宜过高，努力利用最小的成本招聘到合适的人才，追求招聘成本与收益的平衡。

1.3.3 影响招聘的个人因素

应聘者的个人状况对招聘工作也有重要影响。影响组织人力资源招聘的个人因素包括应聘者求职意愿、应聘者个人职业生涯设计、应聘者动机与偏好和应聘者个性特征等。

1.3.3.1 应聘者求职意愿

（1）求职意愿即应聘者希望得到某职位的愿望

格卢克把寻找工作的人分为三类：最大限度利用机会者、满足者和有效利用机会者。最大限度利用机会者是指那些不放弃任何一次面谈机会的人。在求职的过程中，他们尽可能多地获取不同组织抛出的"橄榄枝"，权衡不同机会后选择个人最满意的岗位。满足者是指那些接受第一个组织所提供职位的人，他们相信所有组织情况大致类似，因此，没有必要参加不同组织的测试，也没有必要增加太多的选择。有效利用机会者是介于两者之间的人，他们会先选择一个中意的职位，然后再寻找另一个，以便与已选择的职位进行对比，判断原先的选择是否合适，最后选择更满意的职位。这三类人在求职过程中表现出的求职意愿不同。

（2）求职意愿与个人背景及经历有关

刚来到城市的打工者的求职意愿较强，不会放弃任何机会，但因为受教育水平较低且缺乏相关工作经验，被组织拒绝的概率较大。而成长于城市的人员求职意愿相对较弱，因为他们熟悉环境，一般受过较好教育，故在求职方面相对挑剔，要求良好的薪酬福利及工作环境。正因如此，许多基层职位被外来打工者占据。

（3）求职意愿与个人财务状况负相关

拥有良好的家庭背景、家庭成员的经济支持或失业保障金的人寻找工作的积极性和紧迫性较低。

显而易见，求职意愿强的应聘者更容易接受应聘条件，组织招聘的成功率高；反之，求职意愿弱的应聘者对应聘条件较挑剔，组织招聘的成功率低。

1.3.3.2 职业锚

职业生涯设计对个体的职业选择及职位追求等都会产生较大影响。例如，一个人将未来的职业目标确定为人力资源管理专家，通常会学习人力资源管理专业，其在择业时往往会倾向于选择招聘专员、薪酬专员、绩效专员等与职业生涯规划有关的职位。

不同的职业生涯设计对职位性质的追求不同，为此美国学者沙因（E. G. Schein）提出"职业锚"的概念。职业锚是建立在不同的工作动机和能力之上，引导个人工作经历的自我概念。沙因的研究先后发现了八种职业锚。这些不同的职业锚对招聘有重要的影响。

（1）技术/职能型职业锚

拥有此类型职业锚的人，追求在技术/职能领域的成长和技能的不断提高，以及应用这种技术/职能的机会。他们对自己的认可来自其专业水平；他们喜欢面对来自专业领域的挑战；他们大多不喜欢从事一般管理工作，因为这将使其放弃在技术/职能领域的成就。

（2）独立型职业锚

拥有此类型职业锚的人希望随心所欲安排自己的工作方式和生活方式，追求能施展个人能力的工作环境，最大限度地摆脱组织的限制和制约。他们宁愿放弃提升或工作扩展的机会，也不愿放弃自由与独立。典型的职业有教授、科学家、作家、管理人员或技术咨询人员等。

（3）创造型职业锚

拥有此类型职业锚的人希望利用自己的能力去创建属于自己的公司或创建完全属于自己的产品或服务，并且愿意为此去冒风险，并克服面临的各种障碍。他们要求有自主权、管理能力，能够施展自己的特殊才能，创造一种属于自己的成果，如专利、发明等。

（4）稳定型职业锚

拥有此类型职业锚的人追求工作中的安全与稳定感，可以预测将来的成功，寻求职业长期稳定和工作基本安全。他们倾向于按照别人的指示、意图进行工作,追求体面的收入、退休后生活有保障等。尽管有的人也可以达到较高的职位,但他们并不关心具体的职位和工作内容。

(5) 管理型职业锚

拥有此类型职业锚的人将管理作为自己的最终目标。他们具有比较强的分析、人际关系处理和情绪控制能力。他们追求并致力于工作晋升,倾心于全面管理,独自负责一个部分,可以跨部门整合其他人的工作成果。他们乐于承担责任,并将公司的成功看成自己的工作。

(6) 服务型职业锚

拥有此类型职业锚的人追求他们认可的核心价值,例如帮助他人,改善人们的安全,发明新的产品消除疾病,等等。他们一直追寻这种机会,即便为此变换公司,而不会接受妨碍实现这种价值的工作变换或工作提升。

(7) 挑战型职业锚

拥有此类型职业锚的人喜欢解决看似无法解决的问题,战胜强大的对手,克服巨大的困难障碍等。对他们而言,参加工作的目的是去战胜各种不可能。新奇、变化和困难是他们的追求,如果事情非常容易,会令他们厌烦。

(8) 生活型职业锚

拥有此类型职业锚的人喜欢能平衡个人、家庭和职业需要的工作环境。他们希望生活的各个方面协调一致。为此,他们需要一个提供足够的弹性能实现这一目标的职业环境,甚至可以牺牲职位晋升等。他们的成功定义比职业成功更广泛。

1.4 员工招聘类型

组织出现职位空缺需要招聘员工时,既可以从公司内部挑选合适的员工来填补空缺,也可以从社会上招聘新员工。内部招聘和外部招聘作为组织人员招聘的两大来源，各有其优缺点。

1.4.1 内部招聘

1.4.1.1 内部招聘的原则

内部招聘应遵循以下基本原则：

（1）机会均等

在内部招聘中，空缺职位的工作职责和任职要求等信息应当通知组织内部的全体员工，从而使所有具备应聘资格的员工都有获得该职位的机会。

（2）德才兼备，以德为先

要严把德才标准，坚持公正用人，拓宽用人视野。只有明确人才的选拔方向，才能保证德才兼备的优秀人才在新岗位更好发挥作用。

（3）激励员工

内部招聘的不断推行可以让广大员工认识到提升个人工作能力会在组织内获得更多的发展机会与广阔的发展空间，从而有效调动全体员工的工作积极性。

（4）合理配置资源

内部招聘经过递交申请、考核等流程，安排合适人选到空缺岗位，充分发挥个人能力与特长，确保其能胜任新岗位的工作，实现人岗匹配。

1.4.1.2 内部招聘的途径

（1）晋升选拔

晋升选拔，即组织中一些比较重要的职位需要招聘人员时，选择那些可以胜任某空缺工作岗位的优秀员工，将其从一个较低的职位晋升到一个较高职位的过程。晋升选拔又叫内部晋升。内部晋升具有可信度高、适应力强、激励性佳和费用率低等优势，晋升的标准和程序应尽量减少主观偏见的影响，做到公平、公正。例如，格力公司坚持人才自主培养，有一整套"选、育、用、留"的人才培养体系，为各类人才提供了施展才华的平台。在格力公司，干部队伍不论资排辈，选拔干部的标准是"德才兼备，以德为先"，通过内部公开竞聘等方式，为员工提供公平公正的发展机会。同时，对干部的绩效考评，坚持"能者上、庸者下"的原则，强化干部"有为才能有位，有位必须有为"的意识，使真正想干事、能干事、干成事的人脱颖而出。

（2）人员重聘

一些组织由于经营效果不好或者机构重组等会暂时让一些员工离开工作岗位，如下岗、长期休假、停薪留职等，待组织情况好转、机构完成重组后，如果他们恰好是内部空缺岗位需要的人员，再重新聘用这些员工。

（3）内部公开招聘

组织也可以通过内部公告的形式公开招聘，如在公司内部网站的主页、公告栏发布招聘信息，或以电子邮件的方式通告全体成员，符合条件的员工自由应聘。内部选拔、评价、录用的程序和标准同外部招聘一样。为了保持正常的工作秩序，员工应聘内部职位必须经过原任主管的同意，一旦应聘成功，应该给予一定的时间进行工作交接。竞聘职位公告见阅读材料1-3，竞聘申请表见表1-2。

阅读材料1-3　某公司内部竞聘材料

竞聘职位公告

为适应公司经营发展需求，科学、高效、合理地配置人力资源，同时为优秀员工搭建施展才华的平台和创造平等竞争的机会，经公司领导研究决定，拟在全公司范围内开展内部岗位竞聘，现将有关事宜通知如下：

一、竞聘范围

全公司内所有符合竞聘条件的已转正员工。

二、竞聘原则

（一）坚持公开、公平、公正和择优任用。

（二）坚持以德为先，综合考查业务能力水平。

三、竞聘职位：生产经理

（一）岗位竞聘要求

1. 建筑类相关专业，专科及以上学历，熟悉住宅建筑专业知识；

2. 具有 5 年以上生产一线的生产管理经验，并在公司任职 1 年以上；

3. 具有良好的统筹规划、组织协调与人际沟通能力；

4. 品行端正，无不良嗜好，忠于企业，具有团队精神。

（二）岗位职责

1. 主管项目生产工作，落实工程进度，及时解决施工中存在的问题；

2. 根据月度计划编制周计划；

3. 负责项目部的生产及安全文明施工，确保无安全事故；

4. 负责协调相关部门及时解决施工过程中各项问题，保证施工生产的顺利进行。

四、竞聘程序

（一）发布竞聘公告

通过公司内部发文、公司公众号等渠道公布拟竞聘岗位、聘任条件、竞聘程序等信息，鼓励公司内部优秀人员踊跃参加竞聘。

（二）报名形式

有竞聘意向且符合条件的员工请填写《员工内部竞聘申请表》，并根据竞聘岗位，结合自身的特点，撰写一份 600 字左右的竞聘报告，内容包括个人业务技能、管理知识、能力自述、对竞聘岗位的认识、工作设想及工作目标等，于 4 月 30 日前将表格以书面形式提交人力资源部，报名表和详细竞聘要求请到公司内部网站公告栏下载。

（三）资格审核

1. 公司按照竞聘岗位的要求，对报名参加竞聘的人员进行资格审查，初步确定参加竞聘人选，在公司内部网站公开并电话通知。

2. 资格审查在 5 月 7 日前结束。

（四）竞聘评审组

1. 成立竞聘评审组，负责对参加竞聘人员任职能力的推荐和综合评审。

2. 考核与公示：

（1）竞聘评审组根据竞聘者的自述报告及日常工作表现等讨论确定申请人，组织岗位评审竞聘面试。

（2）竞聘通过后，经总经理批准后，公布聘任结果。人力资源部将聘任名单在公司内部网站公示，公示期为七个工作日。公示期过后，如无异议，则安排到岗实习，进入为期三个月的考核期，考核期满合格，正式担任相应职务。

望符合竞聘条件的员工积极报名并参加竞聘，为公司发展做出更大的贡献。

人力资源部

2021 年 4 月 10 日

竞聘申请表

表 1-2　竞聘申请表

姓名		性别		出生日期	
学历		专业		职称	
政治面貌		入职时间		工作年限	
现工作部门		现职务			
竞聘职位					
主要学习工作经历					
本人主要优势与不足					
奖惩情况					
人力资源部意见					

竞聘人签名：　　　　　　　　　　　　填表时间：　　年　月　日

（4）岗位轮换

岗位轮换建立在员工职业生涯规划管理的基础之上，需要建立一套完善的岗位管理体系，明确不同岗位的关键职责、岗位级别以及岗位的晋升轮换状况。岗位轮换一般适用于中层管理人员。

（5）临时人员转正

不少组织为完成一些临时性工作任务或因编制名额限制及组织结构调整等原因，会雇用一些临时性员工或派遣员工。随着人力资源派遣规模不断扩大，组织应当重视此类人力资源的作用。当正式岗位出现空缺，而临时性员工的能力和条件又符合该岗位的任职资格要求时，可以将临时人员转正。这样既可填补岗位空缺，及时满足组织用人需求，又能获取熟悉工作环境的员工，激发临时员工的工作积极性。

1.4.1.3 内部招聘须注意的问题

在实施内部招聘时，必须注意以下方面：

①必须以明确的岗位体系与标准、任职资格为基础。明确不同职位的关键职责、胜任素质、职位级别等在晋升和岗位轮换中的运作依据。

②必须事先建立公平明确的内部招聘规则与流程，并提前公示。

③必须事先对组织现有人员进行盘点、分析，对员工的绩效状况、工作能力进行评估并建立相应的档案。

④无论使用任何方式，均要确保所有员工都能收到内部招聘信息，从而为员工提供公平的机会。

⑤对通过内部招聘录用或选拔的人员，必须有完善的试用及培训安排，以对接新工作。

⑥关注内部应聘失败的人员，可提供必要的心理疏导，避免他们的流失或工作状态消极。

1.4.2 外部招聘

1.4.2.1 外部招聘的原则

1.4.2.1.1 公开、公平、公正原则

对于外部招聘而言，公开、公平、公正是首要原则，这有助于保证获取到高素质人员，实现获取活动的高效率。外部招聘应面向全社会，公开招录条件，对求职者全面考核，公开考核结果，通过竞争择优录用。实施这些原则可以为每一位应聘者提供公平的机会，平等竞争，使真正有能力的应聘者不会因一些人为因素而失去获得职位的机会。

1.4.2.1.2 人岗匹配原则

招聘应做到人岗匹配。招聘人员应熟悉空缺岗位的工作性质、工作职责及能力要求等情况，并根据上述具体条件选择合适的人选，使所招聘的人员真正适合并胜任工作。在招聘中，如果组织对应聘者的要求过高，录用了能力超出职位要求很多的人才，虽然短期内可能受益，但长远看必然出现人才流失，增加组织招聘的工作量以及招聘、培训等成本。

1.4.2.1.3 真实客观原则

在外部招聘过程中，组织招聘人员有必要真实客观地向应聘者介绍组织的情况，这有助于应聘者与组织形成正确的心理契约。而实践中，不少组织会夸大宣传组织及其未来发展前景，以吸引更多的人前来应聘。但这会使应聘者产生过高的期望值，后期容易出现失望及不满情绪，导致人员流失。

1.4.2.1.4 沟通与服务原则

外部招聘是组织为获取人才进行内外互动的过程。通过信息的双向流动，组织在获取应聘者个人信息的同时，也应向应聘者介绍组织的相关状况，实现组织内部与外部的双向有效沟通。此外，招聘人员向外界传递相关信息直接关系着组织形象。良好的沟通与服务可使应聘者对组织留下良好的印象。

1.4.2.2 外部招聘的途径

外部招聘的主要方式有广告招聘、人才市场招聘会、校园招聘、专业机构招聘、网络招聘和内部员工推荐等。

1.4.2.2.1 广告招聘

广告招聘，即组织通过媒体以发布广告的形式获得所需的人选。目前广告媒体种类丰富，如人才市场、互联网、报纸、杂志、广播电视等。优秀的广告，一方面能吸引所需人员前来应聘，另一方面还可扩大组织知名度。招聘广告应介绍本单位及有关部门的职位情况、职位要求、待遇以及联系方式等。

1.4.2.2.2 专业机构招聘

在外部招聘中，组织经常采用的方式就是委托人才招聘机构进行招聘。专业人才机构主要包括人力资源服务公司、人才中介服务公司、人才租赁公司、猎头公司等机构组织。根据中研网的调查报告，2020年，国内猎头公司数量约有5万家，以小微企业为主，猎头顾问数量约40万人。专业人才招聘机构大多有自己独特的测验工具和测验体系，有多年的招聘经验，熟悉某一行业领域的人才市场，能为组织提供一些比较权威且独特的测验分析报告，帮助组织选拔人才，节省组织招聘选拔人员的时间。我国的人才服务机构一般可分为公共服务机构和私营服务机构两种类型。

职业介绍机构中有一类特殊的组织，即猎头公司。猎头公司是专门为雇主搜索及推荐高级管理人员和技术人员的人力资源组织。猎头公司的联系面很广，擅长接触那些在岗但对更换工作缺乏积极性的人。它可以帮助公司的管理者节省招聘和选拔主管等专门人才的时间。但是猎头公司的费用很高，一般为所推荐人才年薪的 $1/4 \sim 1/3$。

阅读材料1-4　字节跳动的校园招聘

字节跳动公司以其"持续学习和成长"的价值观吸引着各路人才，

招聘管理

2021年全年校招预计新增1.2万人。下面是2020年字节跳动的校园招聘流程。

2020年8月上旬，发布校招正式启动海报，说明2021年校招的招聘流程，同时进行Q&A环节。

2020年8月中下旬，开放教育专场、商业化专场、人力资源专场等各个招聘专场，定向接触人才。同时搭配以专场空中宣讲会和笔试、面试攻略，助力申请人通过面试。

2020年9月，发布企业文化短片《要投，就投字节跳动》，通过宣传字节跳动的企业文化和工作环境，希望赢得青年人才的青睐。

2020年10月，校招进入倒计时阶段，介绍字节跳动新人培养体系，从人才发展和职业前景的维度吸引大学生。

2020年11月，开放补录，为错过秋招的大学生提供进入字节跳动的机会。

1.4.2.2.3 人才招聘会

人才招聘会通过举办供需见面会来招聘人员。招聘会可以进行面对面的交流，做出初步的选择，收回大量的简历及其他信息以便进一步筛选。招聘会一般可以分为两大类：一类是专场招聘会，即只为一个单位专门安排的招聘会；另一类是大型综合性人才招聘会，即由某些中介机构组织、有多家单位参加的招聘会。一些人才招聘会是面向特殊群体举行的，如面向学生的校园招聘会等。

1.4.2.2.4 内部员工推荐

当组织出现职位空缺时，可以采用内部员工推荐的方法来填补，即人力资源部门将有关工作空缺的信息提供给现有员工，请他们向组织推荐潜在的申请人。员工推荐可以节省招聘人才的广告费和付给职业介绍机构的费用，还可以得到更加忠诚、可靠的员工，减轻人力资源部门的负担。在员工举荐的过程中，为保证推荐的有效性，组织有必要注意以下三个因素：员工的道德水平、工作信息的准确性以及中间人的亲密程度。组织在鼓励或要求员工推荐自己的熟人应聘空缺职位之前，必须先建立一套明确的制度。采用员工推荐方式的典型案例是思科公司，该公司大约10%的应聘者是通过员工相互介绍而来的。

1.4.3 内外部招聘的优缺点比较

在组织招聘实践中，无论是内部招聘还是外部招聘，都有其优势与劣势，如表1-3所示。我们通过掌握其特点，可以具体情况具体分析，灵活运用。

表1-3 内外部招聘优劣势对比

内部招聘	外部招聘
优势： 更低的成本 应聘者熟悉工作环境 鼓励高绩效，有利于鼓舞员工士气 组织对应聘者的能力有准确的认识	优势： 更广阔的应聘者选择范围 降低外部人为因素的干扰 能够把新技能及创新思想带入组织 激发员工工作积极性，保持竞争力
劣势： 可能出现"任人唯亲"的情况 可能会因为操作不公平导致内部矛盾	劣势： 增加招聘与甄选的难度与风险 需要更长的培训与适应时间

1.4.3.1 内部招聘

1.4.3.1.1 内部招聘的优点

（1）激发员工的内在积极性

随着经济发展和观念的不断更新，人们的需求已逐步从仅追求经济性报酬转移到一些非经济性报酬上来。为组织内部员工提供发展的机会，体现出组织对内部员工的信任感，这有利于稳定、激励内部员工，提升内部员工的工作热情和绩效水平。

(2) 招聘成本低

内部招聘可为组织节约大量的费用，如广告费、差旅费、代理费、生活安置费与培训费等。

(3) 缩短适应时间，保障工作效率

内部招聘简化了招聘程序，为组织节约时间，省去诸如岗前培训和基本技能培训等许多外部招聘必需的培训项目；员工能够迅速进入角色，减少组织因职位空缺而造成的岗位闲置、效率降低等间接损失。

(4) 规避用人风险

内部招聘可使组织获得大量互相了解的应聘者，组织对内部员工的了解和考察较为充分，人员更加可靠，有利于组织内部的稳定，减少错误的招聘决策。

1.4.3.1.2 内部招聘的缺点

(1) 可能会出现有失公开、公平、公正原则的情况

如果内部招聘的操作程序不规范或有裙带关系问题，甚至"因人设岗"，可能会使其他员工感到不公平、失望，进而影响工作的积极性。

(2) 缺少创新意识

长期在组织内部工作的员工，其思维方式、工作方法及行为方式都形成了一定的模式，思想会受到某种禁锢，缺乏创新意识，从而影响工作效果，进而影响组织的活力和竞争力。另外，过多的内部招聘可能形成封闭的组织文化，降低组织对外部环境变化的敏感性和适应能力。

(3) 在一定程度上容易造成部门之间与员工之间的矛盾

例如，一名优秀的员工可能会被几个部门之间竞争；有的部门经理人格魅力较强，员工也会倾向于到其部门工作；职位之间待遇上若存在差别，员工会选择薪资高的职位。内部招聘还可能导致员工之间的过度竞争，影响员工之间以及部门之间的关系。

(4) 出现"人岗匹配"问题

一般而言，公司会晋升在现有职位上绩效优异的员工，而他们仅是适

应过去的职位要求,在过去的工作中表现优秀,他们在新的岗位是否能够胜任则无法确定。

1.4.3.2 外部招聘

1.4.3.2.1 外部招聘的优点

(1) 为组织带来新思想

外部招聘人员可以带来新的思路、新的工作方法和流程,从而使组织充满活力,为组织带来更多的创新机会,也可避免组织的僵化和停滞。

(2) 招聘选择范围更广

组织选择人员的余地较大,特别是在初创和发展快速期,易于为组织配备所需的人力资源,从而可以节省内部培养和培训人员的费用。

(3) 有利于完善"人岗匹配"

无法适应岗位和过度使用内部人才是内部招聘的主要弊端,外部招聘利于实现"人岗匹配",提升岗位与新员工的适配度。

(4) 产生良性竞争

从外部招聘渠道进入组织的员工在无形中会给组织原有员工施加压力,形成危机意识,激发原有员工的斗志和潜能。压力转而带来的动力可以使员工产生良性竞争,从而实现共同进步,提高职业技能。

(5) 有利于提升组织形象

组织通过对外招聘的方式,可以积极地与外界进行交流,有利于在潜在的员工、客户等组织外人员中产生积极的影响,树立良好的组织形象。

1.4.3.2.2 外部招聘的缺点

(1) 招聘成本较高

招聘任何层次人才,都必须经过宣传到录用等诸多环节,需要支付诸多环节所产生的一系列费用,包括招聘费、广告费、专家顾问费等。

(2) 影响内部员工的积极性

从外部招聘中高层员工会打击内部员工的积极性,进而产生消极与不满情绪。组织如果没有内部招聘机制,习惯性地进行外部招聘并形成制度,内部有上进心、事业心的员工就会因没有发展前途而挫伤工作积极性,甚至引发外聘人才与内部人员之间的冲突。

(3) 适应组织环境较慢

外部招聘人员对组织的情况知之甚少,需要一定时间才能适应新的工作环境与组织文化,而融合期间会影响工作的进展。

(4) 影响组织的薪酬体系

外聘人员可能由于自身的稀缺性要求较高的待遇,从而打乱组织的薪酬激励体系。

(5) 录用决策失误

不同于内部招聘,组织在外部招聘的录用决策过程中所掌握的信息量要远远少于内部招聘。由于信息不对称,往往甄选难度大、成本高,对外部人员的了解和考察不够充分,可能出现外聘人员的实际能力与预期不符的现象,导致错误录用或其他风险。

思考题

1. 员工招聘主要有哪些原则?
2. 员工招聘的重要性主要体现在哪些方面?
3. 员工招聘有哪些影响因素?
4. 员工招聘有哪些类型?

2 招聘前的准备

学习目标

1. 熟悉岗位分析的方法和分析的内容
2. 了解人力资源规划的内容和作用
3. 熟悉能岗匹配的三类重要模型

名言指路

凡事预则立，不预则废。

——《礼记·中庸》

运筹帷幄之中，决胜千里之外。

——西汉·司马迁

2.1 人力资源规划

2.1.1 人力资源规划概述

2.1.1.1 人力资源规划的含义

人力资源规划（human resource plan，HRP）是指一个组织科学地预测、分析其人力资源的供给和需求状况，制定必要的政策和措施以确保组织在需要的时间和需要的岗位上获得各种必需的人力资源的计划。人力资源规划具有战略性、前瞻性和目标性的特征，体现着组织的发展要求，其实质是组织为实现其目标而制定的一种人力资源政策。人力资源规划的特点是把员工看作资源，并全面考虑组织的需求，根据组织战略目标，从人力资源的获取、配置、使用、保护等各个环节上统筹考虑，以期较好地达到组织目标。

2.1.1.2　人力资源规划与招聘管理的关系

人力资源规划与组织招聘管理之间的关系是相辅相成的：人力资源规划规定招聘和甄选人才的目的、要求及原则，组织的招聘工作则基于人力资源规划的框架开展。人力资源规划的内容涉及招聘管理的相关问题，包括岗位的空缺情况、招聘的时间、招聘的数量和质量、招聘的渠道等。人力资源规划是组织实施招聘的前提条件，招聘是人力资源规划的一个具体运用。

2.1.1.3　人力资源规划的意义

（1）适应组织发展的需求

人力资源规划主要是根据组织当前及未来发展的需要，通过制订人员补充计划、人员使用计划、人员接替及晋升计划、教育培训计划、绩效评估计划、人员激励计划、退休及解聘计划等来实现人员的适时、适量、适岗补给，从而适应与达成组织的战略目标。

（2）合理、有效地配置人力

科学有效的人力资源规划，不仅能分析出现有的人力结构状况，还可以分析、归结出影响人力资源有效运用的问题或症结，使组织人力资源系统发挥更大的效能，减少不必要的人力浪费，降低用人成本。

（3）减少未来的不确定性，配合员工职业生涯发展

合理的人力资源规划减少了未来的不确定性，配合员工个人职业计划，可将员工个人的发展与组织的发展有机地联结在一起，降低个人的失业风险，避免组织出现不稳定，还能提高员工的满意度，促进员工的

发展。

2.1.2 人力资源规划的内容

2.1.2.1 人力资源总体规划

人力资源总体规划是指组织人力资源在规划期内开发利用的总目标、总任务、总政策、总预算和主要实施步骤的安排。简单来说，它是对计划期内人力资源规划结果的总体描述，包括预测的需求和供给分别是多少，做出这些预测的依据是什么，供给和需求比较的结果是什么，组织平衡供需的指导原则和总体政策是什么，等等。总体规划主要在组织战略层次上，就组织人力资源供需的预测结果所反映出来的人力资源需求和供给不平衡进行总体调节。总体规划的主要内容就是供给和需求的比较结果，也可以称作净需求，人力资源规划的目标就是得出这一结果。

2.1.2.2 人力资源业务规划

人力资源业务规划主要在组织业务经营层次上确定为实现人力资源总体规划需要实施的各种业务规划，是总体规划的分解和具体实施。它包括人力资源晋升规划、人力资源补充规划、人力资源培训规划、人力资源流动规划、人力资源补偿规划、人力资源职业生涯规划、人力资源缩减规划。每一项业务实施规划通常由规划的目标、政策、步骤和预算等组成。通过这些业务规划的具体实施能使组织人力资源总体规划的目标得以实现。

2.1.2.2.1 人力资源晋升规划

人力资源晋升规划是根据组织需要和人员分布状况制订员工的提升方案。人力资源晋升规划的目标在于通过尽量将员工放在能够使其发挥作用的工作岗位上，以求最大限度地调动员工的劳动积极性并以最低成本使用人力资源。组织的人力资源晋升规划必须按照职务的不同类型分别拟订，而且每一类职务晋升的年资与相对应的最低条件必须以十分清楚的、具体的指标列出。组织中不同类别的晋升指标及指标调整变化，都会对员工心理产生较大的影响。

依据人力资源的晋升政策和战略目标，组织可以制定出组织人力资源晋升规划。晋升规划要指出晋升职务名称、晋升人员所在部门、晋升人数、晋升以后增加的成本、晋升条件和晋升时间，以及晋升后的预期效果。根据这些具体内容，组织人力资源管理部门就可以对本规划期内的员工晋升活动进行有效的管理控制，使员工晋升能够为组织的人力资源发展带来活力。

2.1.2.2.2 人力资源补充规划

人力资源补充规划是组织根据组织运行的实际情况，对组织中长期内可能产生的空缺职位加以弥补的计划，旨在促进人力资源数量、质量和结构的改善，是组织吸收员工的依据。

一般来讲，人力资源补充规划是与人力资源晋升规划相联系的，组织人力资源补充规划需要确定补充数量、制定补充政策、构建补充方案和预算。补充数量是指组织人力资源需要补充的具体数量和技能结构，其中外部补充数是从组织人力资源规划中的人力资源总需求中扣除通过内部配置、晋升、培训等补充后的数量。补充政策主要是确定内部补充还是外部补充，这取决于组织的用工制度是否为终身制以及所需要人员类型。如果是终身雇佣制常倾向于内部补充，为员工提供发展机会；如果补充急需的特殊人力资源，可使用外部补充。补充方案一般由补充方法、补充信息发布形式、补充范围、补充预算等内容组成。补充预算的大小与补充方法、具备空缺岗位资格的申请人的可获得性、工作类型及其在组织中地位、该项工作应付的报酬、是否要调动等因素有关。

2.1.2.2.3 人力资源培训规划

人力资源培训规划是为弥补组织长期、中期、短期需要的空缺职位事先准备合适的人力资源而制订的培训计划安排。组织人力资源培训规划与组织人力资源的晋升规划、补充规划、调配规划和职业生涯等规划密切相关。在员工培训中，如果单纯地为培训而培训，目的性和针对性不强，员工往往缺乏积极性，组织的培训投资不能得到应有的培训回报。因此，培训规划的制订必须与组织的人力资源晋升规划、补充规划、调配规划和职业生涯等规划相联系。

人力资源培训规划的编制可按照如下步骤进行：

①根据组织人力资源发展的战略需要和组织的可能条件，制定组织人力资源培训的总体目标，然后将总体目标分解成若干子目标，并根据各个子目标的要求制定相应的培训项目规划，将培训总目标具体化。

②根据组织人力资源发展总体规划要求和员工及部门的申请，按照各个培训项目的轻重缓急进行资源分配，优先满足重点培训项目对人力、物力和财力的需要。

③对组织培训规划进行综合平衡，主要是考虑培训与组织生产经营活动正常运转的平衡、组织人力资源的需求与个人生涯发展目标的平衡。此外，在平衡过程中还需要考虑满足组织急需人力资源的培训及费用支出等问题。

2.1.2.2.4 人力资源流动规划

人力资源流动规划是指有计划地安排人员流动，以实现组织内部人员最佳配置的目的。人员流动计划有多方面的作用，主要体现在以下四个方面：

①当组织要求某种职位的人员同时具备其他职位的经验和知识时，就应使之有计划流动，以培养高素质的复合型人才。

②当上层职位较少而等待提升的人较多时，通过配备计划进行人员的水平流动，可以减少他们的不满，使之以更平和的心态等待上层职位空缺的产生。

③当组织人员过剩时，通过配备计划可以改变工作分配方式，对组织中不同职位的工作量进行调整，解决工作负荷不均的问题。

④定期地安排员工在不同类型的工作岗位上工作，有利于提高员工的工作效率。

2.1.2.2.5 人力资源补偿规划

组织人力资源补偿规划要根据员工的劳动付出给予相应的补偿。在知识经济时代，企业的发展在很大程度上取决于员工的创新精神能否得到充分的发挥，而员工的创新才干能否充分发挥，在很大程度上取决于员工能否从自己的创新中获得相应的回报。因此，组织的人力资源补偿规划要有利于激励组织人员的创新精神和潜力的发挥。

组织人力资源补偿规划的内容主要包括：现值补偿规划、员工福利保障补偿规划和期望补偿规划。

第一，现值补偿规划的基本任务是在保证组织能够得到持续发展，提高组织劳动生产率的前提下，正确安排组织工资总额，逐步提高组织员工的平均工资，以调动组织员工的劳动积极性，促进组织发展。为此，需要根据组织的具体情况采用适宜的工资奖金分配政策。

第二，员工福利保障补偿主要是由保险性质、养老性质和抚恤性质的补偿以及员工的假日补偿等内容组成。保险福利补偿主要有为员工办理有关医疗、伤残等社会保险或为员工提供医疗补贴、伤残补贴等方式；养老补偿主要是指组织为员工办理养老社会保险或为员工提供养老退休金等；抚恤性质补偿主要是指组织为亡故员工无生活保障的配偶、子女及父母所给予的抚恤金，以帮助其维持生活；员工的假日补偿是指组织为员工所提供的工作日内的休息时间、每周休息时间、国家法定节假日、探亲假和年休假等。员工的保障补偿通常与员工为组织工作时间的长短以及为组织所做的贡献有关。

第三，与现金补偿根本不同之处在于期望补偿将员工现在的劳动与组织未来的发展紧密地联系在一起。该补偿方法主要用于组织经营者和对组织发展能够做出重大贡献的员工，例如，为了防止在组织新产品开发中具有决定性作用的创新人员被竞争者挖走，可以采用期望补偿的方法，将这些员工和组织紧密地联系在一起。

2.1.2.2.6 人力资源职业生涯规划

职业生涯规划是指组织对员工的职业发展所做出的系统安排。人力资源职业生涯规划既是员工个人的发展规划，也是组织人力资源规划的有机组成部分。组织通过人力资源职业生涯规划，能够把员工个人的职业发展和组织需要结合起来。特别是对于有发展前途的员工，组织要想方设法将其留下来，使之成为组织的宝贵资源。为了防止这部分人员流失，必须有计划地使他们在工作中得到成长和发展。如果组织不能满足个人发展的需求，就会出现人员的流失。

组织在人力资源职业生涯中的任务包括对员工能力、兴趣及职业发展要求和目标的分析与评估，提供关于企业内部所需要的职业发展信息以及员工的职业发展咨询等。为了完成这些任务，组织在员工职业生涯规划中需要做好以下工作：建立新员工辅导制度；设立职业资料中心；举办职业生涯开发研讨会；开展职业之路活动；进行培训；进行教育成效评估；实施各类培训和教育活动。人力资源职业规划的主要目的是通过帮助个人实现职业生涯计划来发展组织人力资源，实现组织对人力资源的有效管理和合理配置。

2.1.2.2.7　人力资源缩减规划

当组织发展前途不明时，往往需要采取人力资源缩减战略。为实现组织人力资源缩减需要制订相应规划，人力资源缩减方案主要内容有提前退休、企业关闭、劳动力转移、缩减工作时间、分担工作和解聘等。

在制订组织人力资源缩减规划时，必须确定被裁减人员的类型、裁减形式和裁减时间。也就是说，这三个方面就可以构成组织不同的缩减规划。这些缩减规划方案组合应该遵守以下原则：采取先以分担工作减少工时为主，后裁员为主；先裁减劳动合同到期和即将达到退休年龄的员工，后裁减在劳动合同期中的员工；先自愿停薪留职或自愿辞职，后被动裁员；先暂时裁减，当组织经营形势好转时，再吸收当初被裁减员工；先裁减非关键岗位员工，后裁减关键岗位员工；先裁减资历短的员工，后裁减资历长的员工；先裁减业绩差员工，后裁减业绩好员工，等等。这些不同类型缩减规划的制订，首先要按照组织人力资源发展战略规划来具体确定组织各个部门所需要缩减员工的专业、技能等级和人数。

在缩减规划中，还需要对不同的缩减规划所产生的后果进行分析、评价，分析内容主要是人员缩减以后可能发生的人员重置费用、人员缩减后因为人工成本的降低而提高的效益，根据分析结果再选择可执行的组织人员缩减规划。

2.1.3 人力资源规划的程序

人力资源规划的程序一般可分为以下几个步骤：信息的收集与整理；人力资源的需求与供给预测；人力资源净需求的确定；人力资源规划的制定；人力资源规划的实施；人力资源规划的评估及修正。

2.1.3.1 信息的收集与整理

人力资源规划的信息包括组织内部信息和组织外部环境信息。组织内部信息主要包括企业的战略计划、战术计划、行动方案、企业内各部门的计划、人力资源现状等。组织外部环境信息主要包括宏观经济形势和行业形势、技术发展情况、行业竞争性、劳动力市场、人口和社会发展趋势、政府有关政策等。收集与整理这些信息是人力资源规划的第一步。

2.1.3.2 人力资源的需求与供给预测

人力资源需求预测包括短期预测和长期预测，总量预测和各个岗位需求预测。人力资源供给预测包括组织内部供给预测和外部供给预测。将组织内部人力资源供给预测数据和组织外部人力资源供给预测数据汇总，可得出组织人力资源供给总体数据。另外，还要根据上一步中收集的信息资料对预测进行比对和调整，使之更符合客观实际。

2.1.3.3 人力资源净需求的确定

在对员工未来的需求与供给预测数据的基础上，将本组织人力资源需求的预测数与在同期内组织本身可供给的人力资源预测数进行对比分析，从比较分析中测算出各类人员的净需求数。这里所说的"净需求"，既包括人员数量，又包括人员的质量、结构，既要确定"需要多少人"，又要确定"需要什么人"。数量和质量要对应起来，这样就可以有针对性地招聘或培训，为组织制定有关人力资源的政策和措施提供依据。

2.1.3.4 人力资源规划的制定

根据组织战略目标及本组织员工的净需求量，制定人力资源规划，包括总体规划和各项业务计划。同时要注意总体规划和各项业务计划以及各项业务计划之间的衔接和平衡，提出调整供给和需求的具体政策和措施。一个典型的人力资源规划应包括规划的时间段、计划达到的目标、情景分析、具体内容、制订者、制订时间。

2.1.3.5 人力资源规划的实施

人力资源规划的实施是人力资源规划的实际操作过程，要注意协调好各部门、各环节之间的关系，在实施过程中必须有专人负责既定方案的实施，要赋予负责人保证人力资源规划方案实现的权利和资源。同时要有关于实施进展状况的定期报告，以确保规划能够与环境、组织的目标保持一致，并按时完成。

2.1.3.6 人力资源规划的评估及修正

在实施人力资源规划的同时，要进行定期与不定期的评估，将实施的结果与人力资源规划进行比较，通过发现规划与现实之间的差距来指导之后的人力资源规划活动。评估结果出来后，应及时反馈，进而对原规划的内容进行适时的修正，使其更符合客观情况，更好地促进组织目标的实现。

2.2 岗位分析

岗位分析是人力资源管理的一项核心基础职能。它是一种应用系统方法，是收集、分析、确定组织中职位的定位、目标、工作内容、职责权限、工作关系、业绩标准、人员要求等基本因素的过程。岗位分析的实质就是区分组织中一项工作与其他工作的差异，目的是为组织内每项工作制定一份全面、正确并符合组织需要的工作说明书，同时为组织提供岗位分析报告。

岗位分析在企业管理和人力资源管理中占据着重要的地位。它一直被誉为"人力资源管理体系的基石"，为人力资源管理的各项活动提供着基础支持。按照招聘管理中的能岗匹配原则，只有素质技能符合该岗位要求的人，才是最合适的人选。不同的职位需要具有不同能力和素质特点的人来从事。通过职位分析，在明确职位的职责、权限、任职资格等因素的基础上，形成该职位工作的基本规范和职责描述，从而为组织选拔人员提供基础，提升人事匹配度，提高甄选的效度。

2.2.1 岗位分析的定义

岗位分析是用来了解工作信息与情况的一种科学手段。具体是指分析者采用科学的技术手段，直接收集、比较、综合有关工作的信息，就工作岗位的状况、基本职责、资格要求等做出规范性的描述与说明，为组织特定的发展战略、组织规划以及其他管理行为提供基本依据的一种管理活动。

2.2.2 岗位分析的内容

岗位分析的内容取决于岗位分析的目的与用途。一般来说，岗位分析是直接为企业员工招聘服务的。在招聘工作开始之前，企业就应确定空缺岗位的性质、工作内容、任职资格。岗位分析是企业招聘工作的基本前提。高效、有针对性的岗位分析能够提高人员甄选的效度和信度，降低用人风险和招聘成本，并能够提高员工的工作适应性，优化企业的人力资源配置。岗位分析的内容一般包括以下内容：

2.2.2.1 岗位基本信息

（1）工作名称

工作名称必须明确，使人看到名称就可以大致了解工作内容。工作名称必须标准化，按照有关职位分类、命名的规则或通行的命名方法和习惯确定。如果已经完成了工作评价并且在工资上已有固定的等级，则名称上可加上等级。

(2) 工作代码

各项工作按照统一的代码体系编码，使工作代码既能反映工作岗位所属的部门，又能反映工作岗位的上下级关系。如果能反映该岗位的工作性质和其在组织中的地位则更好。

(3) 工作地点

工作地点，即从事本岗位工作的员工的工作地点。有时会将工作地点和行政办公地点分开考虑，有的岗位的工作地点和行政办公地点是不同的，应该设置两个项目分别进行考察。

(4) 所属部门

所属部门，即本岗位属于企业中的哪一个部门。

(5) 直接的上下级关系

直接的上下级关系，即本工作岗位的直接上级和其直接领导的下级工作岗位的名称和相应的人数。

(6) 员工数目

员工数目，即企业中从事同一岗位的员工人数。如果同一岗位的员工人数经常变动，其变动范围应予以说明；如果员工采用轮班制，也应予以说明。由此可以了解员工的工作负荷及人力资源配置情况。

2.2.2.2 工作内容

(1) 工作任务

工作任务，即应该完成的工作活动。要明确、规范工作行为，包括工作的中心任务、工作的独立性和多样化程度、完成工作的方法和步骤、使用的设备和材料等。

(2) 工作责任

工作责任，即承担该工作应负有的责任。通过了解工作的相对重要性，赋予相应权限，保证责任和权利的对应，尽量用定量的方式确定责任和权利。工作责任主要包括对原材料和产品的责任、对机械设备的责任、对工作程序的责任、对其他人员工作的责任、对与其他人员合作的责任、对其他人员安全的责任，等等。

（3）工作量

工作量，即工作强度。目的在于确定标准工作量，如劳动的定额、工作量基准、工作循环周期等。

（4）工作标准

工作标准，即用来衡量工作好坏的依据。确定工作标准可以为考核和薪酬等人力资源管理活动提供依据。

（5）机器设备

机器设备，即从事本岗位工作的员工在实际工作过程中需要使用的机器、设备、工具等，其名称、性能、用途均应有详细的记录。

2.2.2.3 工作关系

（1）监督指导关系

监督指导关系，即隶属关系，包括直属上级、直属下级、该工作制约哪些工作、受哪些工作制约。

（2）职位升迁关系

职位升迁关系，即在该岗位工作的员工可以晋升或降级到企业中的哪些岗位，可以在哪些岗位之间进行同级调度等，为员工做好职业生涯规划。

（3）工作联系

工作联系，即本岗位在具体工作中会与哪些岗位或部门发生工作往来，发生联系的目标、方式是什么。

2.2.2.4 工作环境

（1）工作的物理环境

工作的物理环境，即工作地点的湿度、温度、照明度、噪声、振动、异味、粉尘、空间、油渍等，以及工作人员与这些因素接触的时间。

（2）工作的安全环境

工作的安全环境，即从事本岗位工作的工作者所处工作环境的危险性、劳动安全卫生条件、易患的职业病、患病率及危害程度。

（3）工作的社会环境

工作的社会环境，包括工作群体的人数、工作地点所在地的文化设施、社会风俗习惯等。

（4）聘用条件

聘用条件，包括工作时数、工资结构、支付工资方法、福利待遇、该工作在组织中的正式位置、晋升的机会、工作的季节性、参加培训的机会等。

2.2.2.5 任职条件

（1）教育培训

教育培训，即从事本岗位工作的员工所应接受的教育、培训经历等。一般可分为内部训练、职业训练、技术训练和一般教育四个方面：内部训练是由企业提供的培训；职业训练是由个人或职业学校所进行的培训，其目的在于发展普通或特种技能，并非为企业现有的某一种工作而培训；技术训练是指为掌握设备、器材的操作和维修保养技能所进行的训练；一般教育是指人们所接受的大、中、小学教育。

（2）必备知识

必备知识，即从事本岗位工作的员工对机器设备、材料性能、工艺过程、操作规范及操作方法、工具、安全技术等所必须具备的一些专业知识。

（3）经验

经验，即从事本岗位工作的员工完成工作任务所必需的操作能力和实际经验。

(4) 素质要求

素质要求，即从事本岗位工作的员工应具备的达到工作要求的职业性向，包括体能性向（如任职者应具备的行走、跑步、爬行、平衡的能力等）和气质性向（如任职者应具备的耐心、细心、沉着、勤奋、诚实、主动性、责任感、情绪稳定性等）。

以上所列项目，并非所有职位岗位分析均必须包括，企业可以根据实际需要选择相关内容。

2.2.3 岗位分析的主要程序

岗位分析是一项复杂而细致的工作，其工作程序主要包括三个阶段：准备阶段、调查阶段、分析总结阶段。

2.2.3.1 准备阶段

这一阶段的具体任务是了解情况、建立联系、设计岗位调查的方案、规定调查的范围对象和方法。首先应根据岗位分析总的目标、任务，对企业各类岗位的现状进行初步了解，掌握各种基础数据和资料。

设计岗位调查的方案，主要包括以下几项内容：

（1）明确岗位调查的目的

岗位调查的任务是根据岗位研究的目的搜集反映岗位有关工作任务的实际材料。因此，在岗位调查的方案中要明确调查目的。

（2）规定调查的对象和单位

调查对象是指被调查的对象总体，它是由许多性质相同的调查单位组成的。所谓调查单位就是构成总体的每一个单位。能不能正确地确定调查对象和调查单位，直接关系到调查结果的完整性和准确性。

（3）确定调查项目

在上述两项工作完成的基础上，应拟订调查项目，这些项目所包含的各种基本情况和指标，即是需要对总体单位进行调查的具体内容。

(4) 确定调查表格和填写说明

调查项目中所提出的问题和答案，一般都是通过调查表的形式来表现的。为了保证这些内容得到统一的理解和正确的回答，便于汇总整理，必须根据调查项目制定统一的调查表格或问卷以及填写说明。

(5) 确定调查的时间、地点和方法

确定调查时间：明确规定调查的期限，指出从什么时间开始到什么时间结束；明确调查的日期、时点。调查方案要指出调查地点，调查地点是指登记资料、收集数据的地点。调查方案还应当根据调查目的、内容，决定采用什么方式方法进行调查。调查方式方法的确定要从实际出发，在保证质量的前提下，力求节省人力、物力和时间，能采用抽样调查、重点调查等方式的，就不必进行全面调查。

此外，为了搞好岗位分析，还应做好员工的思想工作，说明此项工作的意义和目的，建立友好合作关系，使企业全体员工对岗位分析做好心理准备。根据岗位分析的任务、程序，可分解成若干工作单元和环节，以便逐项完成。组织有关人员先行一步学习并掌握岗位调查的内容，熟悉具体的实施步骤和方法。必要时可先抓一两个重点岗位进行试点，以取得经验。

2.2.3.2 调查阶段

这一阶段主要是根据调查方案对岗位进行认真细致的调查研究。在调查中应灵活运用访谈、问卷、观察、小组集体讨论等方法，广泛深入地搜集有关岗位工作的各种数据资料。

2.2.3.3 分析总结阶段

本阶段是岗位分析最后的关键环节，要对岗位调查的结果进行深入的分析和全面总结。

岗位分析并不是简单机械地收集和积累某些信息，而是要对岗位的特征和要求做出全面考察，并在深入分析和认真总结的基础上，提出工作描述、任职资格的文件。如前所述，这两个文件是开展其他人力资源管理活动（如招聘、激励、培训等）的基本依据，因此正确规范地编写工作描述和任职资格就显得极为重要。

2.2.4 岗位分析的方法

岗位分析的方法有很多，但是没有一种绝对正确的方法，各种方法都有其优缺点。岗位分析的目的和用途决定岗位分析的内容，因此，不同的企业所进行的岗位分析的侧重点会有所不同，相应地，所选取的分析方法也大不相同。依据不同的标准，岗位分析的方法可划分为不同的种类，下面来谈谈岗位分析的具体方法。

2.2.4.1 基础分析方法

基础分析方法主要包括观察法、面谈法、问卷法、工作日志法和关键事件法等。

2.2.4.1.1 观察法

观察法是岗位分析工作人员通过对特定对象的观察，把有关各部门的内容、原因、方法、程序、目的等信息记录下来，最后把取得的职务信息归纳整理为适用的文字资料。这是获得岗位信息最普遍的方法之一。

优点：采用此种方法可以了解广泛的信息，如工作活动内容、工作中的正式行为和非正式行为、工作人员的士气等。通过观察法取得的信息比较客观和准确，但是要求观察者有足够的实际操作经验。

缺点：不适用于工作循环周期很长和主要是脑力活动的工作；不能得到有关任职者资格要求的信息；不易捕捉到紧急而又偶然的工作行为。

2.2.4.1.2 面谈法

这种方法通过岗位分析者与工作执行者面对面的谈话来收集信息资料，具体可以分为个别面谈、集体面谈和主管人员面谈三种。个别面谈，一般是与任职者面谈，要求任职者描述他们做什么、怎样做以及他们完成其工作所处的条件，它倾向于聚焦工作内容和工作背景；集体面谈法一般在一群员工从事同样工作的情况下使用，通常会邀请其主管出席，如果主管未出席，应找别的机会与主管讨论收集到的资料；主管人员面谈法需要找一个或多个主管面谈，这些主管对于该工作有相当的了解，其典型作用是评审和证实任职者回答的准确性，并进一步提供所期望的绩效水平、新员工的培训需要和员工的必要条件等信息。

优点：可控性。可控性在于通过提问单可以系统地了解所关心的内容，当任职者的回答相互矛盾或不很清楚时，可以进一步提问，把问题搞清楚；如果任职者对所提问题采取回避态度，还可以劝导或换人。此外，面谈法可以提供观察法无法获得的信息，如工作经验、任职资格等。

缺点：岗位分析者对某一岗位的固有观念会影响判断的准确性；任职者可能出于自身利益的考虑而不合作，或有意无意夸大自己所从事工作的重要性、复杂性，导致工作信息失真；打断执行人员的正常工作，有可能造成生产损失；如果管理者和任职者相互不信任，具有一定的危险性；岗位分析者的提问可能会含糊不清，影响工作信息的收集；面谈法不能单独作为信息收集的方法，需要与其他方法配合使用。

2.2.4.1.3 问卷法

问卷法是以调查问卷作为工具来获得资料和信息，从而完成岗位分析工作的方法。这种方法强调要设计标准的问卷以获取资料信息。

优点：成本低，工作人员比较易接受；它免去了长时间观察和访谈的麻烦，也克服了进行职务分析的工作人员水平不一的弱点；分析的结果可以用数量化的方式表达，便于处理；样本量大。

缺点：花费的人力和物力较多；问题难度过大容易造成误解、工作效率低；缺少交流和沟通，质量较低。

2.2.4.1.4 工作日志法

工作日志法是按时间顺序记录一个人在岗位上工作的过程，然后经过归纳提炼，取得所需工作信息的一种职务信息提取方法。

优点：信息的可靠性很高，适于确定有关工作职责、工作内容、工作关系、劳动强度等，所需费用低。

缺点：可使用范围小，只适用于工作周期短、状态稳定的职位，且信息整理工作量大，归纳工作烦琐。另外，执行者填写工作日志时可能因不认真而遗漏很多内容，并会在一定程度上影响正常工作。若由第三方填写，人力投入量非常大，不适于处理大量的职位。

2.2.4.1.5 关键事件法

分析人员向任职者询问一些问题，以了解解决关键事件所需能力、素质，还可以让任职者进行重要性评价。

优点：研究的焦点集中在职务行为上，因为行为是可观察、可测量的。同时，通过这种职务分析可以确定行为任何可能的利益和作用。

缺点：需要花大量时间收集、概括和分类；对工作不能提供完整的描述；难以涉及中等绩效的员工。

2.2.4.2 现代分析方法

现代分析方法主要包括职位分析问卷法、功能岗位分析法和管理职位描述法。

2.2.4.2.1 职位分析问卷法

职位分析问卷法（position analysis questionnaire，PAQ）是以个人特征为重点的分析方法，1972年由美国普度大学麦考密克等人提出，是一种结构化、定量化的分析方法，共包括187项工作因素和7个与薪酬有关的问题。虽然职位分析问卷的格式已定，但可以用来分析许多不同类型的工作。每个问卷包括6个部分：信息输入、脑力操作、工作产出、人际关系、工作环境、其他特征。

优点：由于同时考虑了员工与工作两个变量因素，并以标准化的方式将各种工作所需要的基础技能与基础行为罗列出来，从而为人事调查、薪酬标准制定等提供了依据。此方法还有一个优势，不需修改就可用于不同组织、不同工作，使得岗位分析更加准确与合理。

缺点：时间成本很高，非常烦琐；问卷的填写人应是受过专业训练的岗位分析人员，而不是任职者或上级；它的通用化或标准化的格式决定了工作特征的抽象化，不能描述实际工作中特定的、具体的任务活动；对于工作描述与工作设计，这种方法不是理想工具。

2.2.4.2.2 功能岗位分析法

功能岗位分析法（functional job analysis，FJA）以工作为中心，是美国培训与职业服务中心的研究成果。它以员工所需发挥的功能与应尽的职责为核心，列出收集与分析的信息类别，规定岗位分析的内容。UA法认为，所有工作均涉及工作执行者与数据、人、事三者的关系，也可以称为DPT法（即Data，People，Thing）。通过上述发生关系时的工作行为，该方法可以反映工作的特征、工作的目的和人员的职能。

优点：提供了一种非常彻底的描述，对培训的绩效评估非常有用。

缺点：UA法对每项任务都要求做详细分析，因而撰写起来相当费力费时。同时，UA法并不记录有关工作背景的信息，对于员工必备条件的描述也不理想。

2.2.4.2.3 管理职位描述法

管理职位描述法（management position description questionnaire，MPDQ）包括197个用来描述管理人员工作的问题，涉及管理者关心的问题、承担的责任、受到的限制以及管理者工作所需具备的各种特征。这些问题被划分为13个工作因素，岗位分析人员以上述的每一个因素按照0~4个等级为基础来分析。

优点：适用于不同组织内管理层次以上职位的分析；为员工从事培训、进行薪酬管理打下了基础。

缺点：耗时长、效率低；受工作技术方面的限制，灵活性差。

2.2.5 岗位说明书的编制

岗位说明书是工作分析人员根据某项岗位工作的物质和环境特点，对工作人员必须具备的生理和心理需求进行的详细说明。它是岗位分析的结果，是经岗位分析形成的书面文件。

2.2.5.1 岗位说明书的构成

岗位说明书由岗位描述与岗位规范两部分组成。岗位描述是经过岗位分析收集资料后产生的。岗位描述是说明某一岗位的岗位性质、责任权利关系、主体资格条件等内容的书面文件。岗位规范是任职者任用条件的具体说明，二者结合起来构成了针对某一岗位完整、全面、详细的岗位说明。

编写岗位说明书就是编制岗位描述和岗位规范两个书面文件。岗位规范集中于对任职人员的分析，岗位描述侧重于反映工作定向分析的结果。岗位描述可用于设计业绩评价形式、岗位评价和建立报酬系统，能确定需要完成工作的教育和训练，为设计适当的招聘、选择、训练和开发计划提供依据。

岗位说明书的一般由以下几个部分构成：

①岗位名称。以人力资源部门的经理（以下简称 HRM）为例，说岗位名称应该写为经理。

②部门名称。HRM 的部门名称应该写为人力资源部。

③任职人。需要有任职人姓名，并有任职人签字的地方，以示有效性。

④直接主管。HRM 的直接主管应写为分管副总经理；要提供直接主管签字的地方，以示有效性。

⑤任职时间，即生效时间，一般是与劳动合同的时间一致。

⑥任职条件，包括学历要求、工作经验要求、特殊技能等。如 HRM 的特殊技能是掌握现代人力资源管理运作模式，熟悉国内人力资源管理政

策法规及人才市场动态等。

⑦下属人数，指部门内所管辖的人数。

⑧沟通关系，一般分为外部与内部两个层面。例如，HRM 的内部沟通有分管副总经理、部门经理与员工；外部沟通有上级主管部门，所在城市人事劳动部门，各主要媒体或招聘网站，各主要培训机构，应聘人员或同行，相关行业协会。

⑨岗位设置的目的。例如，HRM 的岗位目的包括：根据公司战略发展需求，设计运用人力资源管理模式和相关激励政策，激发员工潜力，开发人才，实现人力资源开发在行业内领先的目标。

⑩行政权限。它是指在公司所拥有的财务权限和行政审批权限等。

⑪工作内容和职责。这是岗位说明书的关键，着墨也最多，包括职责范围与负责程度，衡量标准等。例如，HRM 的职责包括：组织体系与制度，培训，人事考核与绩效评估，招聘，薪酬激励政策，岗位管理、部门管理与建设等。

⑫能力要求与个性倾向与特征等。

⑬职业生涯发展规划，包括岗位关系与理论支持。岗位关系又分为直接晋升的岗位、相关转换的岗位、升迁至此的岗位；理论支持是指学习和培训所达到的相关要求。

2.2.5.2 岗位说明书的编制要点

（1）清晰

岗位说明书对工作的描述应清晰透彻，让任职人员可以明白其工作内容，无须询问他人或再查看其他说明材料；应避免使用原则性的评价，专业词汇须解释清楚。

（2）具体

在措辞上，应尽量选用一些具体的动词，如"安装""加工""传递""分析""设计"等。说明工作的种类，复杂程度，需任职者具备的具体技能、技巧，应承担的具体责任范围等。一般来说，由于基层人员的工作更为具体,其岗位说明书中的描述也更详细。

岗位说明书的内容可根据岗位分析目的进行调整,可简可繁。

为建立企业岗位分析系统,可由企业高层领导、典型岗位代表、人力资源管理部门代表、外聘的岗位分析专家与顾问共同组成工作小组或委员会,协同工作,完成任务。

在编制岗位说明书过程中要注意:岗位说明书是对岗位的描述,而非任职者现在的工作;不局限于现状,着眼于组织设定岗位需要;针对的是岗位而不是人;岗位说明书中的内容应归纳,而非罗列。

2.2.5.3 岗位说明书编制示例

岗位说明书不存在标准格式,每个组织的岗位内容和说明都不相同,一般都应说明所执行的工作、岗位的目的和范围,以及员工为什么做工作、做什么工作及如何工作。详见表2-1:

表2-1 某公司财务经理岗位说明书

岗位名称	财务经理	岗位代码		所属部门	财务部
职系		职等职级		直属上级	财务总监
薪金标准		填写日期		核准人	
岗位概要 主持公司财务预决算、财务核算、会计监督和财务管理工作;组织协调、指导监督财务部日常管理工作,监督执行财务计划,完成公司财务目标					
工作内容 1. 根据集团公司中、长期经营计划,组织编制集团年度综合财务计划和控制标准; 2. 建立、健全财务管理体系,对财务部门的日常管理、年度预算、资金运作等进行总体控制; 3. 主持财务报表及财务预决算的编制工作,为公司决策提供及时有效的财务分析,保证财务信息对外披露的正常进行,有效地监督检查财务制度、预算的执行情况以及适当及时调整;					

续表

4. 对公司税收进行整体筹划与管理，按时完成税务申报以及年度审计工作；   5. 比较精确地监控和预测现金流量，确定和监控公司负债和资本的合理结构，统筹管理和运作公司资金并对其进行有效的风险控制；   6. 对公司重大的投资、融资、并购等经营活动提供建议和决策支持，参与风险评估、指导、跟踪和控制；   7. 参与确定公司的股利政策，促进与投资者的顺畅沟通，保证股东利益的最大化；   8. 与财政、税务、银行、证券等相关政府部门及会计师事务所等相关中介机构建立并保持良好的关系；   9. 向上级主管汇报公司经营状况、经营成果、财务收支及计划的具体情况，为集团高级管理人员提供财务分析，提出有益的建议

任职资格

◆ 教育背景：

会计、财务或相关专业本科以上学历

◆ 培训经历：

受过管理学、战略管理、管理能力开发、企业运营流程、财务管理等方面的培训；

5年以上跨国企业或大型企业集团财务管理工作经验，有跨行业财务工作经历者优先考虑

◆ 技能技巧：

具有全面的财务专业知识、账务处理及财务管理经验；

精通国家财税法律规范，具备优秀的职业判断能力和丰富的财会项目分析处理经验；

擅长资本运作，有证券融资以及兼并收购的实际经验和综合投融资方案设计能力，并有多次投融资成功经验；

谙熟国际和国内会计准则以及相关的财务、税务、审计法规、政策；

熟悉境内外上市公司财务规则，从事过兼并、重组、上市等相关项目的具体实施；

良好的中英文口头及书面表达能力

◆ 态度：

为人正直、责任心强、作风严谨、工作仔细认真；

有较强的沟通协调能力；

有良好的纪律性、团队合作以及开拓创新精神

续表

```
工作条件：
    工作场所：办公室
    环境状况：舒适
    危险性：基本无危险，无职业病危险

    直接下属_____        间接下属_____
    晋升方向_____        轮转岗位_____
```

2.2.6 岗位评价

不同的职务体现了不同的工作内容、难度和能力要求。不同的职务不仅在分工协作体系中具有不同的地位和作用，而且对组织的贡献程度也不同，这就造成了职务之间的价值差异。岗位评价的目的在于确定各个职务在组织中的相对价值，为确定不同员工在组织中的价值提供依据。岗位评价是职务管理的一个重要任务，对企业薪资分配、员工职业生涯发展等具有重大意义。

2.2.6.1 岗位评价的依据

进行岗位评价是一项重要而又敏感的工作，不仅涉及企业的管理目标，而且影响员工的公平感和成就感。这一问题解决得恰当与否，直接影响员工的劳动积极性和生产效率的高低，因此进行岗位评价必须有令人信服的根据。

在实际工作中，岗位评价必须考虑三个方面的情况。

2.2.6.1.1 岗位分析结果

职务说明书中对各个职务的工作任务、任职资格都有描述，这是对职务特点的直接描述，具有较强的客观性和可比性，是进行职务价值测评最直接、最重要的依据。

2.2.6.1.2 市场相对价格

职务价值与职务薪资直接相关，必须结合劳动力市场上相关职务的薪资水平进行评价。也就是说,企业进行职务价值测评时,要与市场上同行业的其他企业进行比较,调查市场上普遍的职务报酬水平,通过报酬给付情况间接推断该职务的市场价值,作为本企业进行岗位评价的参考。

2.2.6.1.3 企业管理政策

职务价值的大小与企业管理政策息息相关。例如,我国企业中,华为公司重视技术研发,研发人员的职务价值就显得较高;TCL 公司重视市场销售,其营销人员在企业中的地位就会相对较高。各个企业都有自己独特的竞争优势,这也必然影响企业的职务价值判断。

2.2.6.2 岗位评价的指标

岗位评价是对工作及相关环境进行分析,以此来确定工作的相对价值。岗位评价的指标一般根据工作技能、工作责任、工作强度和工作环境四个要素进行划分,如表 2-2 所示。

表 2-2 岗位评价的指标

要素	岗位评价指标	作用
工作技能	文化教育水平和专业技术理论知识	评价工作对文化、技术理论知识方面的要求
	操作技能	评价工作操作技术的复杂程度和对技能积累程度的要求
	作业复杂程度	评价工作操作工艺的复杂程度和对工作协调的要求
	处理预防事故复杂程度	评价预防事故和处理事故的能力水平
工作责任	产品或服务的质量责任	评价工作劳动对最终产品的责任大小
	原材料消耗责任	评价工作劳动对物质消耗的影响程度
	经济效益责任	评价工作劳动对经济效益的影响程度
	安全责任	评价工作劳动对安全生产的影响程度

续表

要素	岗位评价指标	作用
工作强度	体力劳动强度 脑力消耗疲劳程度 作业姿势 工作时间长度 工作轮班情况	评价劳动者的体力消耗程度 评价劳动者的脑力消耗程度和疲劳程度 评价劳动者的劳动姿势对生理器官疲劳程度的影响 评价工作劳动时间的利用程度 评价工作轮班制对劳动者体力的影响
工作环境	组织环境 微气候条件影响 作业危险性 有毒有害物质的危害 噪声危害	评价劳动者所处的组织氛围及在工作中与人接触的环境 评价劳动者所处的自然环境对劳动者的影响 评价工作对劳动者或他人可能引起的危险 评价劳动者接触有毒、有害物质及粉尘等对健康的影响 评价噪声对劳动者身体健康的危害程度

这些要素的具体内容大体上包括工作职位对劳动者的专业技术和业务知识的要求、所消耗体力的要求、应承担的责任和接触有毒有害物质对身体健康的影响程度等。而且，各个要素中的每个项目均要划分出一定的标准，以便衡量每个项目对工作的影响。

有了岗位评价的指标，还必须确定岗位评价指标的权重及评分标准。例如，对"工作技能"，应确定每一指标在这一部分所占的权重，只有这样才能给予计分，从而确定工作技能在岗位评价中的比重。每个企业所处的环境不同，岗位评价指标的权重和评分标准也应有所不同，要注意每一指标的权重和评分应具有一定的效度和信度。

2.3 能岗匹配

2.3.1 能力及能力模型的概念

在管理学中，能力（competence）又称素质、胜任力、胜任能力或胜任特征，是指驱使员工产生优秀业绩的各种特征的集合，即高绩效员工的知识、技能、个性、态度、行为等，是优秀员工与一般员工的差异所在。能力这一概念最早由组织行为研究专家麦克利兰（David McClelland）于1973年首次提出。他认为传统的智力测验、性向测验和学术测验等都不能有效地预测复杂或高层职位工作的绩效。现实中，有些知识测验得分很高的人不见得能够取得与其知识水平相称的成就；智力超乎常人的人不一定就能有发明创造。麦克利兰认为，真正影响绩效的还有更深层次的因素，他把这些因素称为"能力"，并指出能力是与高绩效直接相关的知识、技能、特质和动机等。

单项能力的有机组合构成了能力模型，它是指担任某一特定的任务角色所需要具备的胜任特征总和，这些特征是可分级、可测评的，通常由4~6项构成。建立胜任特征模型可以区分并找出导致业绩差异的关键因素，这些因素通常可用于某一特定任务角色人选的选拔、招聘以及人员培训，即基于能力模型的招聘能够最大限度地发挥人员潜在特质，提高人岗匹配度。

通常，每个能力模型都会包括3~6个不等的关键能力。这些能力是实现整个企业、部门、某类岗位成功的关键能力的集中体现。整个企业各个岗位序列能力模型的集合形成了企业的能力体系。员工个体所具有的能力有很多，但企业需要的不一定是员工所有的能力，企业会根据岗位的要求以及组织的环境，明确能够保证员工胜任该岗位工作、确保其发挥最大潜能的能力，并以此为标准来对员工进行挑选。

在能力评估和建立能力模型的过程中，不断总结和积累出许多关于各种能力的信息，包括能力的命名、定义、分类、分级以及典型行为说明等内容，这便形成了能力词典。迄今为止，在世界范围内最好的能力词典是 1996 年 Hay – McBer 公司出版的分级能力词典。该词典收录的通用核心能力标准系列共有 18 个能力，通常被用来推导出一个人的能力模型。这 18 个能力分别为：成就导向、演绎思维、归纳思维、服务精神、培养人才、监控能力、灵活性、影响能力、信息收集能力、主动性、诚实正直、人际理解能力、组织意识、献身组织精神、关系建立、自信、领导能力、合作精神。

2.3.2 能岗匹配原理

能岗匹配有两方面的含义：一是指某个人的知识、才华、能力在该岗位能获得充分发挥和展示，把工作做得有声有色，个人有成就感，即所谓人得其职；二是指该岗位所要求的知识、才华、能力都已具备，这个岗位在工作链条中的职能和任务完成得最好，与各方面配合得最好，即所谓职得其人。

能岗匹配原理指人的能力与岗位要求的能力完全匹配，二者的对应使人的能力发挥得最好，岗位的工作任务也完成得最好。能岗匹配原理的核心要素为，最优的不一定是最匹配的，最匹配的才是最优选择。

2.3.3 能岗匹配模型

有关能岗匹配的支撑理论有很多，其中最重要的理论有三种：冰山模型，该模型是前文提到的关于能力模型的进一步阐释，是对工作要求的分析和了解；特质理论，它从心理学角度展开对人的个性特征的研究；特质 – 因素理论，结合个人特质的分析和工作需要因素的分析，是考虑关于人和工作的匹配问题的著名理论。

2.3.3.1 冰山模型

麦克利兰于 1973 年提出了著名的冰山模型，该模型是对能力模型的形象阐释。冰山模型把个体素质形象地描述为漂浮在洋面上的冰山。所谓"冰山模型",就是将个体能力素质根据其不同表现形式划分为表面的"水面以上部分"和深藏的"水面以下部分",见图2-1。

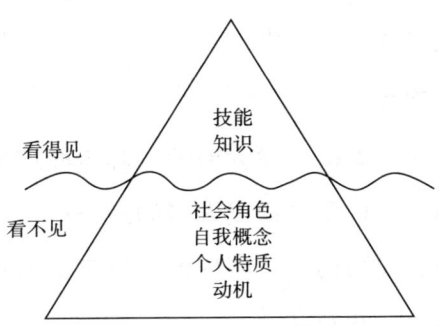

图2-1 冰山模型示意图

"看得见"的部分即"水面以上部分",主要包括知识和技能,这是外在表现,是容易了解与测量的部分,相对而言也比较容易通过培训来改变和发展。这部分与工作所要求任职资格直接相关,是对任职者基础素质的要求,但不能把表现优异者与表现平平者区别开来。这一部分也称为基准性素质,基准性素质容易测量和观察,可在比较短的时间使用一定的手段考查。其通过考察资质证书、考试、面谈、简历等具体形式来测量,因而也容易被模仿,也就是说知识和技能可以通过培训、锻炼等办法来提高。

"看不见"的部分即"水面以下部分",主要包括社会角色、自我概念、个性特质和动机,是人内在的、难以测量的部分,不易受外界的影响而改变,对人员的行为与表现起着关键性的作用。这部分称为鉴别性素质,它是区分绩效优异者与普通者的关键因素;职位越高,鉴别性素质的作用就越大。相对于知识和技能而言,鉴别性素质不容易观察和测量,也难于改变和评价,这部分素质很难通过后天的培训得以形成。

企业在招聘人才时,不能局限于对技能和知识的考察,而要从应聘者的求职动机、个性品质、价值观、自我认知和角色定位等方面进行综合考虑。事实上,对应聘者"水面以下部分"能力素质的考察更为重要,没有与企业要求契合一致的求职动机、品质、价值观等相关素质的支撑,仅有知识和技术的人对企业而言不可能成为真正意义上的人才。相反,能力越强、知识越全面的人,如果在个性品质、个人价值观等层面与企业要求相背离,可能对企业造成的危害更大。

2.3.3.2 特质理论

特质理论是现代西方人格构成方面的一种主要理论。这一理论认为人格由许多特质要素构成,特质是构成人格的最小单位,是激发与指导个体的各种反应的恒常的心理结构。特质理论的最早提出者是美国心理学家奥尔波特(Gordon Willard Allport)。

奥尔波特认为,人格是包括各种特质的动力组织,这些特质决定了个体适应的独特性。奥尔波特还将人格结构中的特质分为个人特质和共同特质。共同特质是指同一文化形态下群体共同具有的特质,是在共同的生活方式下形成的,并普遍存在于群体的每一成员身上;个人特质是单个个体所特有的,表现为个人不同于其他个体的人格特征。

人格特质可分为表面特质和根源特质。表面特质是由一些互相联系的特性形成的;根源特质是相对稳定和持久的特性,通过因素分析可以发现根源特质是一些单一的因素,是人格的基本部分。1949年,卡特尔用因素分析法提出了16种相互独立的根源特质,并编制了《卡特尔16种人格因素测验》。这16种人格特质是:乐群性、聪慧性、情绪稳定性、恃强性、兴奋性、有恒性、敢为性、敏感性、怀疑性、幻想性、世故性、忧虑性、激进性、独立性、自律性、紧张性。卡特尔认为在每个人身上都具备这16种特质,只是在不同人身上的表现有程度上的差异。

近30年来,研究者们在人格特质描述模式上形成了比较一致的共识,提出了人格的大五模式。1992年美国心理学家科斯塔和麦克雷(Costa & McCrae)运用词汇统计和因素分析的方法,发现有五种特质可以涵盖人格描述的所有方面,也是人们适应社会的基本动力特征和内在核心因素。大五人格测验（GFFS）就是用以对这五种特质因素加以测评的人格测验，这五种人格特质包括：

外倾性：好交际对不好交际，爱娱乐对严肃，感情丰富对含蓄；表现出热情、社交、果断、活跃、冒险、乐观等特质。

神经质或情绪稳定性：烦恼对平静，不安全感对安全感，自怜对自我满意；包括焦虑、敌对、压抑、自我意识、冲动、脆弱等特质。

开放性：富于想象对务实，寻求变化对遵守惯例，自主对顺从；具有想象、审美、情感丰富、求异、创造、智慧等特质。

随和性：热心对无情，信赖对怀疑，乐于助人对不合作；包括信任、利他、直率、谦虚、移情等特质。

尽责性：有序对无序，谨慎细心对粗心大意，自律对意志薄弱；包括胜任、公正、条理、尽职、成就、自律、谨慎、克制等特质。

2.3.3.3 特质-因素理论

特质-因素理论由美国职业指导专家帕森斯（Frank Parsons）于1909年提出，也称为"人职匹配理论"。他认为，人与职业的合理匹配在择业过程中非常重要，个人都有自己独特的人格模式，每种人格模式的个人都有其相适应的职业类型。"特质"就是指个人的人格特征，包括能力倾向、兴趣、价值观和人格等，这些都可以通过心理测量法，并辅之以观察法、访谈法、问卷法来加以测评；"因素"则是指在工作上要取得成功所必须具备的条件或资格，可以通过岗位分析而了解。

该理论的提出基于三个假设：一是个体在与工作相关的兴趣、需要和价值观等方面有差异；二是工作对其任职者的要求和回报上是有区别的；三是工作的成就感与满足感与个体特质和工作要求之间的匹配度成正比。因此，只有当个体特质与工作要求的要素合理匹配时，个体和组织的利益才能最大化。

尽管后来有不少学者批评特质-因素理论忽视了组织变量对人职匹配的影响，也没有从动态发展的角度研究员工和组织的互动影响，但仍然改变不了该理论成为职业理论奠基石的事实。其中最著名的是霍兰德理论，也称霍兰德职业兴趣理论。霍兰德将人格类型划分为6种，并为每一种人格匹配了适合的职业类型。这6种人格类型如下：

现实型：愿意使用工具从事操作性工作，动手能力强，做事手脚灵活，动作协调；偏好于具体任务，不善言辞，做事保守，较为谦虚。其不足之处是人际关系处理能力较弱。适合的职业有制图员、机械装配工、木匠、厨师、技工、修理工等。

调研型：抽象思维能力强，求知欲强，肯动脑，喜欢独立的和富有创造性的工作；知识渊博，有学识才能，不善于领导他人；考虑问题理性，做事偏好精确，喜欢逻辑分析和推理，不断探讨未知的领域。适合的职业有科学研究人员、教师、工程师、程序员等。

艺术型：有创造力，乐于创造新颖、与众不同的成果，渴望表现自己的个性，实现自身的价值；做事理想化，追求完美，不重实际；具有一定的艺术才能和个性；善于表达、怀旧、心态较为复杂。适合的职业有演员、导演、歌唱家、作曲家、小说家、诗人、剧作家等。

社会型：喜欢与人交往、不断结交新的朋友、善言谈、愿意教导别人；关心社会问题、渴望发挥自己的社会作用；寻求广泛的人际关系，比较看重社会义务和社会道德。适合的职业有教师、教育行政人员、咨询人员、公关人员等。

企业型：追求权力、权威和物质财富，具有领导才能；喜欢竞争、敢冒风险，有野心、抱负；为人务实，习惯以利益得失、地位、金钱等来衡量做事的价值，做事有较强的目的性。适合的职业有企业经理、销售人员、政府官员、法官、律师等。

传统型：尊重权威和规章制度，喜欢按计划办事，细心、有条理，习惯接受他人的指挥和领导；喜欢关注实际和细节情况，通常较为谨慎和保守，缺乏创造性，富有自我牺牲精神。适合的职业有秘书、会计、行政助理、图书馆管理员、出纳员、打字员等。

霍兰德认为，每一特殊类型人格会对相应职业类型中的工作或学习感兴趣。人格类型与职业类型一致，个人才能对工作产生兴趣并体会到内在满足感；人格类型与职业类型相近，个人经过努力，也能适应并做好工作；但如果人格类型与职业类型相斥，个人对职业就毫无兴趣，也没有能力胜任工作。至此，霍兰德提出了一套动态的人与岗位匹配的理论，并制定出两种类型的测定工具帮助择业者进行职业决策。一种测试是职业选择量表，该量表要求被试者在一系列职业中做出选择，然后根据测定结果确定个人的职业倾向领域。另一种测试是自我指导探索，在测试感兴趣的活动、能力和喜欢的职业的基础上，寻找比较适合自身特性的职业。

2.3.4 能力模型的构建

在招聘中要达到能岗匹配，首先须通过组织架构分析、岗位分析等方法对岗位和组织要求进行梳理分析。其中，最重要的是根据企业战略目标和文化氛围构建出各个岗位的能力模型，即一系列对在岗位上取得优秀业绩具有决定性作用的关键能力素质要求。

2.3.4.1 前期准备

准备阶段的重点是成立专门工作小组，一般由领导小组和专家小组组成。领导小组的职责是负责能力模型建立的领导工作，审定工作计划与方案等决策性工作。领导小组中须有公司高层直接参与，获得高层领导的支持和参与是该项目成功的关键。专家小组主要包括公司人力资源部相关人员，各个部门的负责人、主管以及技术骨干等。各部门的直接主管与高级技术人员对本岗位的职责、工作标准、岗位所需知识、能力与个性特征都非常熟悉，经必要培训可为能力模型建立提供准确和必需的信息。

此外，还要进行全员培训。工作小组成员培训的重点是使之尽快熟悉能力模型构建的理念、方法以及各种注意事项；对一般员工培训则是让他们能够认识到该项工作对于企业和员工个人发展的意义和作用，明白该项工作关系到全体员工的切身利益，从而使大多数员工主动、积极地参与、配合评价工作。

2.3.4.2 收集信息

首先，要详细分析公司的战略方向、文化价值取向、业务流程、组织构架以及岗位设置，在此基础上，将与企业发展相适应的员工特点作为高绩效指标，可采用专家小组讨论法。该方法就各个岗位的任务、责任、绩效标准以及期望优秀员工表现的行为和特点进行讨论并得出结论。其次，鉴别出业绩优秀的员工，采用岗位分析、查阅资料、实地考察等方法提炼出鉴别绩效优秀的员工与绩效一般的员工的标准。根据岗位要求，在从事该岗位工作的员工中，分别对绩效优秀和绩效普通的员工进行调查。

行为事件访谈法，又称 BEI 法，是构建能力模型中最重要的方法之一。它采用一系列精心设计的开放式问题，收集被访者在代表性事件中的具体行为和心理活动的详细信息。具体做法是让被访谈者找出和描述他们在工作中最成功和最不成功的三件事，然后详细地报告当时发生了什么。具体包括：这个情境是怎样引起的？牵涉到哪些人？被访谈者当时是怎么想的，感觉如何？在当时的情境中想完成什么，实际上又做了些什么？结果如何？结束时让被访者自己总结事件成功或不成功的原因，最后对访谈内容进行分析，以确定访谈者所表现出来的能力特征。

除此之外，还可利用专家研讨法、资料分析法、问卷调查法和观察法等方法获得能力模型的数据。与 BEI 法相比，后面几种方法操作便捷、程序相对简化，但无法深入了解如态度、思维方式等隐性信息，因此，一般应以行为事件访谈法为主，辅以其他方法对所需信息进行收集。

2.3.4.3 设计企业能力词典

信息收集完毕后，要对信息进行整理，将收集来的资料进行归类，分析出各个岗位绩优者和绩差者在处理关键事件时的思想行为等方面的差异，识别导致其行为及结果的关键能力特征。

构建企业能力词典要特别注意结合企业战略方向和文化的分析，对直接带来优秀绩效、符合企业发展需要的能力素质进行定义，列出能力词典的基本素质与能力要素，按照不同维度分类整理，提炼出企业核心能力素质要项和各类专业能力素质要项。同时，对每个要素的高分行为特征和低分行为特征进行分析和描述，即划分出能力的等级和层次级别。初步形成的能力词典应包括特定的能力要项、单项能力定义、级别划分以及各个等级特点的描述，并附以详细解释和取自行为事件访谈资料的标识示例。

2.3.4.4 建立岗位能力模型

建立岗位能力模型不是简单地将企业能力词典里的各项能力照抄照搬，而应在明确企业内部业务流程基础之上，结合岗位自身及其业务上下游关键岗位，将企业能力词典的各项能力进行具体分解，并加上岗位所需的专项能力要求。

由于进行能力素质评价针对的是企业每个岗位任职者的能力素质，因此，在设计企业能力素质项目的基础上，必须考虑每个岗位对任职者的实际等级要求。各个岗位的能力素质等级要求，一般可以岗位职责为基准，由该岗位工作的相关者（包括其上级、下级及平级）组成评估小组，进行具体评估确定。

2.3.4.5 能力模型的评估与修正

在形成各个岗位能力模型初稿之后，应对其进行能力评估和修正。一般由专家小组以及熟悉各个岗位的员工代表进行讨论和审定。讨论内容包括能力模型中各能力要素之间是否有重叠、遗漏，逻辑关系和层次是否分明，各要素界定是否准确、分级是否合理等。根据综合讨论结果对能力模型进行能力修订，能够减少主观误差，确保其完整性和科学性。

能力模型建立后，要与人力资源管理的各项工作进行衔接，并通过沟通、交流和培训等方式向各个层级的员工宣传、推广，打消员工的顾虑，获得他们的理解和认同，以保证实施的效果。同时，及时取得反馈，对发现的问题进行必要的改进，模型投入使用后，定期评估和适时修订，使之能够动态地体现出企业战略变化及岗位需求。

阅读材料 2-1

H 公司是一家生产型企业，公司成立 8 年多以来，业务量日益增长，市场份额逐渐扩大，逐步站稳了脚跟。公司负责人刘总正在为公司的人才引进问题而烦恼。此前，公司新增加了一些新产品的制造业务，同时也增设了相应的新岗位，人力资源部门的李经理向刘总提出了招聘的要求，这一建议得到了刘总的支持。

公司要增加的一些新岗位，如新产品的制造部经理、技术主管等，现有的员工在知识素质、技能上似乎还差一截。李经理想利用此次机会招聘优秀的外部人才为公司新产品的生产制造注入活力。人力资源部门抽调了一些工作人员，加上一些重要部门的主管，组成招聘小组，开始了招聘工作。与以往不同的是，李经理认为公司要获取持久的竞争优势，能够长久发展，必须招聘一些知识层次较高、工作经验丰富、能力素质优秀的人才加入公司。

然而招聘结束后，新员工试用的结果不尽如人意。许多刚刚聘用的人员提出换岗，甚至放弃了工作机会。人力资源部李经理对此困惑不已。新招进来的员工共六个，基本上都有两年以上制造业的工作经验，从学历看，三个博士、两个硕士、一个本科。他们被安排在了新产品制造的各个岗位中，公司提供的薪水并不低，领导对他们的工作也是基本满意的，工作环境也还比较理想。为何新员工提出换岗辞职，李经理陷入了思考。他找来部门主管询问了新产品制造情况，发现岗位设置不大合理，岗位对任职者的需求和实际任职者的能力之间存在较大差异。新招的员工具有良好的专业背景，并且拥有相关工作经验，他们的能力超过了这些岗位对员工的技能要求。许多人认为工作没有挑战性，难以获得工作成就感。

这个案例是一个比较典型的因员工"能岗不匹配"所产生的问题。企业新增一些新产品的制造工作，此时应根据实际及时明确新增岗位的岗位说明和岗位规范。搞清楚这些岗位与其他部门、岗位的关系如何？究竟有哪些职责？权限大小？岗位对任职者的能力要求、知识要求，等等。在此基础之上，进行人员的招聘。在上面案例中，招聘小组对这些拟招聘岗位的任职要求并不明确，只是抱着"必须招聘一些知识层次较高、工作经验丰富、能力素质都很优秀的人才"这种想法，违背了人力资源招聘中的黄金法则——能岗匹配。能岗匹配包含两个方面的含义：一是某个人的能力完全能胜任该岗位的要求，即所谓人得其职；二是岗位所要求的素质这个人完全具备，即所谓职得其人。遵守能岗匹配的黄金法则，有助于招聘到合适、理想的人才，而不是只招聘最优秀的人才。能岗匹配一般有以下几种情况：一是员工能力与岗位要求一致，留住人才的可能性大；二是员工能力大于岗位要求，人才流失的可能性也较大；三是员工能力小于岗位要求，被动离岗的可能性非常高；四是员工能力略低于岗位要求，经过培训后，人才保留的可能性很高。上面案例中的新招聘员工正好碰到第二种情况。可见，员工离职不一定都是因为对待遇不满，对从事的工作岗位的满意度也是很关键的留人因素。企业根据具体情况，实事求是地进行岗位分析，将为获取合适的人才及留住人才打下一个良好的基础，"能岗匹配"始终是录用人才的一个黄金法则。

2.4 其他准备工作

2.4.1 招聘信息的收集和整理

员工招聘是一个有目的、有计划的企业行为。招聘活动的开展应建立在人力资源规划和岗位分析的基础之上。人力资源规划决定了在未来一段时间里，企业为达成战略目标预计要招聘的职位、部门、数量、时限、类

招聘管理

型等。岗位分析是对企业中各职位的责任、所需的资质进行分析,为招聘提供参考依据,同时也为应聘者提供职位的详细信息。人力资源规划和岗位分析两项基础性工作的目的是使招聘建立在科学的基础上。

在完成了岗位分析、人力资源规划这些基础性工作后,企业实施招聘的首要步骤就是进行招聘信息的收集和整理,目的是明确自身的需求,以此为依据决定是否进行招聘,何时进行招聘,以及招聘的对象、渠道、方法等一系列的问题。所谓招聘信息的收集和整理,就是在招聘活动实施之前,企业先在各部门内部对人力资源的需求状况进行调查,使人力资源部门掌握哪些岗位需要人员,获得这些人员大致需要多少应聘者。然后,确定合理的招聘范围与规模,保证招聘工作有的放矢、有条不紊地按计划实施。

一般而言,招聘需求由用人部门提出,各部门经理根据本部门下一阶段的人力资源需求状况提出需求人员的数量、职位、要求等。用人部门的增员申请可能会与人力资源规划有一定的出入,人力资源规划是为了保证未来人力资源的供给与企业的战略目标一致,而用人部门的增员申请则反映了用人部门的实际需要。用人部门在出现人员短缺时会定期填写招聘申请表(如表2-3所示),交人力资源部门。通常,招聘需求的产生主要有三种情况:一是企业为实现人才的战略储备而招聘新员工;二是现有人员数量无法满足当前工作需要,企业需要增加新员工;三是填补现有的职位空缺。

表2-3 招聘申请表

申请部门			部门经理(签字)			
申请原因	□员工辞退	□员工离职	□业务增量	□新增业务	□新设部门	
	说明:					
需求计划	使用时间		职务名称与人数			上岗时间
	临时使用(小于30天)□		职务	1	人数	
	短期使用(小于90天)□			2		
	长期使用(小于180天)□			3		

续表

聘用标准	利用现有职务说明书		□可以利用　□不能利用　□局部更改 □尚无职务说明书，需编写	
	工作内容	1		
		2		
		3		
	工作经验	1		
		2		
		3		
聘用标准	专业知识	1		
		2		
		3		
	语言表达		性格要求	
	开拓能力		写作能力	
	电脑操作		外语能力	
其他标准				
薪酬标准	基本工资	其他收入		其他津贴
中心总监批示			签字： 日期：	
行政中心批示			签字： 日期：	
总经理批示			签字： 日期：	

企业用人部门提出招聘需求后，由人力资源部门的招聘负责人、用人部门的上级主管到用人部门复核申请，对招聘需求进行分析和判断，并写出复核意见，以判定招聘新员工的必要性。有时出现职位空缺或内部人手不够并不一定要招聘新员工，可以采用其他方式解决，如调配其他部门富余的人员、现有人员加班、对工作内容进行重新设

计、将某些工作外包等。即使确需招聘新员工，还要选择是招聘正式员工还是临时员工。某些非长期工作或较简单的工作可以招聘临时员工来完成。

实务中，企业会根据一定时期的业务发展情况编制人员预算，形成人员预算表（见表2-4），招聘需求也要受人员预算的控制。但实际工作的需要和业务的变化会引起人员需求发生一些变化，对于这些需求变化情况，用人部门和人力资源部门往往需要根据实际情况分析和决定。

表2-4 人员预算表

工作岗位	职务	分类	现有员工数	合理员工数	员工需求量	备注
		正式工				
		临时工				
		兼职工				
		正式工				
		临时工				
		兼职工				
		正式工				
		临时工				
		兼职工				
总计		正式工				
		临时工				
		兼职工				

2.4.2 应聘申请表的设计

一般来说，企业收到的应聘人员简历的格式往往并不统一，面试或审批人员无法很快找到需要的内容，从而影响工作效率，所以，企业在组织招聘面试前，可事先设计和印刷应聘申请表让应聘者填写。

企业面试或审批人员通过审查应聘申请表，可以了解应聘者的基本情况，为面试和测试等筛选工作提供必要的信息。这样既便于面试时对应聘者做出初步评价，也便于面试后对所有应聘材料进行统一管理。

应聘申请表内容要根据工作岗位的性质而定，设计时还要注意有关法律和政策，例如有的国家规定种族、性别、年龄、肤色、宗教信仰等不得列入。

2.4.2.1 应聘申请表的内容

个人情况，包括姓名、年龄、性别、婚姻状况、地址及电话等。

工作经历，包括目前的任职单位及地址，现任职务、工资、以往工作简历及离职原因等。

教育与培训情况，包括本人的最终学历与学位、所接受过的培训等。

生活及健康状况。生活状况包括家庭成员结构，健康状况可由医生证明。

应聘者的自我评价，包括能力、技术专长、性格特点、兴趣爱好等。

其他可以帮助企业预测应聘者实际工作绩效的信息。

应聘者如果是高等院校的应届毕业生，基本上都可以提供自荐材料，其内容也比较全面，比如在校期间所修课程的成绩和学校对其在校表现的综合考察意见等，这些都是评价应聘者的有用信息。

编制应聘表时应重点考查应聘者的个人资料，包括基本资料、一般背景、教育情况、就业经验、社交活动、兴趣爱好、个性及态度等，如表2-5所示。

表2-5 应聘申请表的个人资料

基本资料	就业经验
身体健康状况 居住状况（独居、合住、自宅）、住处、家乡所在地、最近的迁居次数、居于现址的时间、国籍、出生地、身高、体重、性别	专业与应聘岗位是否对口、过去的就业次数、以前的工作履历、特定的工作经验、有无推销经验、有无创业经验、是否曾为本公司的职员、居于现职之资历、以往每个工作的留用期间、目前最低的生活费、要求的待遇

续表

一般背景	社交活动
父亲的职业 母亲的职业 兄弟姐妹及其他亲属的职业 配偶是否在外地工作 双亲事业上的成就	是否为俱乐部会员（如社团、同学会等）、聚会的参与次数、在组织内担任什么职务、是否当过会长、有无教会团体经验
教育情况	兴趣爱好
本人及配偶的教育水平 家中亲属的教育水平 学费来源 修过哪些科目 研究哪类学问 高中或大学的主修科目 在校期间喜欢或不喜欢的科目 毕业时间 就读的学校 学位 奖学金受领情况	喜欢外勤工作还是内勤工作，有何嗜好，闲暇期间喜欢做什么，爱好的运动有哪些，调剂身心的主要方式
	个性及态度
	迁徙的意愿 自信心 五种基本的个人欲求动机 工作偏好
	其他
	公司与应聘者协议的雇用期限，应聘者前任雇主对该员工的评估

2.4.2.2 设计要求

应聘申请表的设计要以职务说明书为依据，每一栏目均应有一定的目的，避免烦琐、重复。

应聘申请表的设计要遵守国家的法规和政策。

应聘申请表的内容要全面，包括所需了解的所有信息。

应聘申请表的内容设计要考虑应聘者的立场。

思考题

1. 人力资源规划包括哪些内容?
2. 简述岗位分析的步骤及其与招聘工作的关系。
3. 简述素质冰山模型的内容。
4. 构建能力模型的基本步骤是什么?

3 招聘计划的制订及发布

学习目标

1. 熟悉招聘计划的制订过程与内容
2. 了解招聘广告的设计
3. 熟悉招聘策略与招聘信息发布渠道的选择方法

名言指路

行成于思,毁于随。

——唐·韩愈

天下英雄尽入吾彀中矣。

——唐太宗李世民

3.1 招聘计划的制订

为了使招聘工作高效有序地进行,我们首先要制订合理的招聘计划,招聘计划是招聘实施的主要依据,制订合理的招聘计划可以使得招聘工作更加可视化、科学化。招聘计划是指一个组织根据其各个部门的发展需求,根据公司的人力资源规划、工作岗位的具体要求,对招聘的岗位、人员数量、任职资格等因素做出详细的计划。

3.1.1 招聘计划的制订过程

招聘计划应由各个用人部门制订,然后交人力资源部门对其进行审核,特别要对人员需求量、招聘费用等项目进行严格审查,批注相关意见后交由上级主管部门进行研究和审批。编制招聘计划主要有现状分析、前景预测和做出决定三个步骤。

3.1.1.1 现状分析

对现有的人力资源状况进行调研分析是制订计划的基础。为了避免招聘的盲目性,首先要做好对本组织人力资源现状的分析工作,并根据本组织的发展需求和人力资源规划确定招聘的大致需求,一般可从以下几方面进行:

一是了解本组织发展与运行现状,并详细周密地分析,以便明确工作任务及完成这些任务所需或所缺人员的情况。其目的是了解现有的工作岗位及在岗人员的任职情况,以及现有的岗位职责和要求。

二是了解与分析本组织整体的人力资源状况和各个部门的人力资源状况,主要内容包括人员的学历结构、年龄结构、技术结构等相关人力资源分布与分配状态,以及人力资源利用状况。其目的是掌握组织人力资源情况以及当前管理利用现状。

三是了解与分析组织对人员更新、技术发展与革新、企业扩张等方面的规划与预测,结合组织人力资源战略与规划,预测近期人力资源的需求量、类型和趋势。

3.1.1.2 前景预测

前景预测是计划的前提和依据,主要内容包括组织发展趋势预测、产品市场发展趋势对人力资源需求影响的预测、新产品开发对人力资源结构和数量影响的预测、设备的技术改造与更新对人力资源结构影响的预测、工作效率对人力资源结构和数量影响的预测、减员预测、人才市场和劳动力市场预测。在确定职位空缺时,应该仔细考虑和科学地测算以下几个方面:组织目前是否拥有足够的员工,以及他们是否拥有足够的技能开展工作;组织是否合理地利用好现有的员工,以及他们是否需要学习或从事一些不同的或新的工作以满足组织未来发展的需要,是否拥有足够的才干来满足组织未来的发展需要;组织是否有财力进行新员工的招聘;需要的员工是兼职的还是专职的;空缺岗位的工作性质与要求是什么,等等。通过这些问题的回答来确定是否需要招聘以及招聘计划的内容。

3.1.1.3 做出决定

在对各个部门的人员需求进行预测和估算后,招聘计划差不多就成型了,具体内容包括:

①招聘的岗位;

②人员需求量;

③每个岗位的具体要求(工作/岗位分析在整个招聘中的作用很大,它主要用来确定空缺岗位所包含的一系列特定任务、职责和责任,为整个招聘甄选过程提供有效的依据);

④招聘信息发布的时间、方式、渠道与范围;

⑤招聘对象的来源与范围,招聘方法;

⑥招聘测试的实施部门;

⑦招聘预算;

⑧招聘结束时间与新员工到位时间。

决定做出后,招聘计划就形成了。确定招聘计划后,形成招聘计划报批表,经人力资源部经理及管理层批准之后,可进一步向组织领导者说明目前人力资源规划分布状况及当年增加的员工数目。

3.1.2 招聘计划的内容

一般来说,招聘计划的主要内容包括招聘的规模、范围、时间和预算等,不同组织、不同招聘任务还可根据情况进行相应的增减。

3.1.2.1 招聘的规模

招聘的规模是指组织准备通过招聘活动吸引多少数量的应聘者。无论组织的规模如何，在进行招聘之前都应明确招聘范围和规模，也就是说，要明确哪些岗位需要多少人员，以及获得这些人员大致需要多少应聘者。从总体上说，招聘是根据人力资源规划进行的，就具体程序而言，招聘工作始于正式签发人员需求报告单或人员需求表。人员需求报告单是一种具体体现人员规划所确定的人员需求及空缺岗位工作性质、任务、任职者资格和指导人员招聘工作的规范性文件。它可由组织中的有关业务部门与人力资源管理部门共同签发，也可由高层领导签发，人力资源管理部门具体执行。

确定招聘过程中大致需要多少应聘者，一般可以借助招聘录用的金字塔模型，即将整个招聘录用过程分为若干个阶段，以每个阶段参与人数和通过人数的比例来确定招聘的规模，见图3-1。

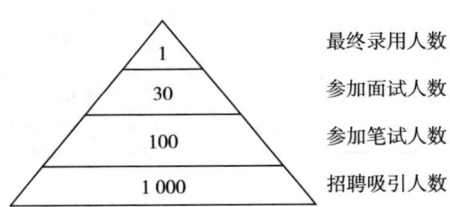

图3-1 招聘录用的金字塔模型

使用这一模型确定招聘规模，取决于两个因素：一是企业招聘录用的阶段。阶段越多，招聘的规模相应地就越大。二是各个阶段通过的比例。这一比例的确定需要参考企业以往的历史和同类企业的经验数据，每一阶段的比例越高，招聘的规模就越大。

3.1.2.2 招聘的范围

招聘信息发布的时间、方式、渠道与范围是基于招聘计划来确定的。

由于需招聘的岗位、数量、任职者要求不同，招聘对象的来源与范围不同，以及新员工到岗时间和招聘预算的限制，招聘信息的发布时间、方式、渠道与范围也是不同的。

信息发布的范围是由招聘对象的范围来决定的。发布信息的面越广，接收到该信息的人越多，应聘者也会越多，挑选的余地就越大，即"人才蓄水池"（talent pool）的容量越大，招聘到合适人选的概率相应增加，但费用也会相应地增多。这就需要我们根据人才分布规律、求职者活动范围、人力资源供求状况及成本大小等确定招聘区域。招聘区域选择的一般规则是：高级管理人员和专家一般在全国范围内招聘，必要时可以跨国招聘；专业技术人员可以跨地区招聘；一般办事人员在本地区招聘。详见图3-2所示。

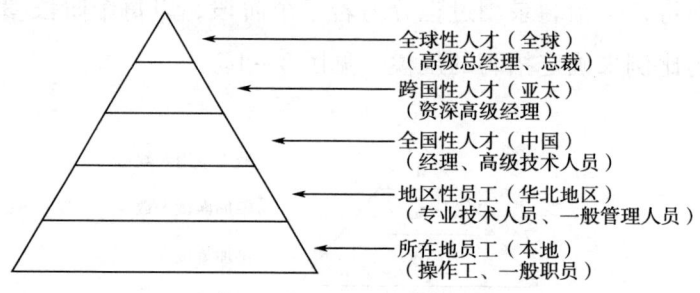

图3-2　招聘范围示意图

3.1.2.3　招聘的时间

首先确定信息发布的时间。招聘工作的顺利完成需要耗费一定的时间，选拔录用和岗前培训也需要一定的时间，为此，在条件允许的情况下，招聘信息应尽早发布。这样有利于缩短招聘进程，有利于更多的人获得信息，增加应聘人数。这就需要我们对招聘过程中各阶段所需时间有一个比较准确的了解，以此精确估算信息发布时间，及时进行招聘信息发布。根据各阶段工作时间的安排，计划中应明确制定出招聘工作时间表，以保证招聘工作有条不紊地如期进行。

3.1.2.4 招聘的预算

招聘计划还要对招聘的预算做出估计,以便提高招聘效率,降低招聘成本。招聘的成本预算一般由以下几项费用组成:

①人工费用,即组织招聘人员的工资、福利、差旅费、生活补助以及加班费等;

②业务费用,包括通信费(电话费、上网费、邮资和传真费)、专业咨询与服务费(获取中介信息而支付的费用)、广告费(在电视、报纸等媒体发布广告的费用)、资料费(组织印刷宣传材料和申请表的费用)以及办公用品费(纸张、文具的费用)等;

③其他费用,包括设备折旧费、水电费以及物业管理费等。

3.1.2.5 招聘的渠道

一般根据空缺岗位的性质及相关情况确定招聘的渠道,招聘渠道分为内部招聘和外部招聘两个基本渠道。内部招聘是指组织采用职位公告、岗位竞聘或部门推荐等方式在组织内部招聘新员工。外部招聘则根据一定的标准和程序,从组织外部众多应聘者中选拔获取所需要的人选。外部招聘的主要方式有广告招聘、人才市场招聘会、校园招聘、中介机构招聘、网络招聘等。

3.1.2.6 招聘的团队

招聘团队组成的合理性以及招聘团队成员的能力,决定了招聘结果的有效性。因此,招聘计划要明确招聘团队的具体成员,并事先沟通协调,以保证招聘团队能够有效参与整个流程。

3.1.2.7 招聘的策略

不同的组织在聘用人才时有不同的偏好,体现出不同的管理文化,如微软的"聘用聪明人策略"、联想的"少用同学"等。招聘策略体现了组织的员工招聘方向,为吸引人才和选聘人才提供了依据。

3.2 招聘广告的设计

招聘广告是招聘的重要准备之一，面向外部人员的招聘常常需要以广告为先导，以宣传自己的形象，招揽组织需要的人才，能在较短的时间内吸引更多合适的招聘对象，便于组织挑选与录用。

3.2.1 招聘广告设计的内容与要点

3.2.1.1 在显眼位置标明组织标志和广告性质

招聘广告设计的基本要求是要让阅读者一眼就可以判断出这是什么广告，而不会与其他广告混同。为此，广告应在显眼的位置注明性质。比如，就报纸广告而言，最显眼的位置应该是左上角，其次是左边，称为"金角""银边"，这与从左至右的排版习惯有关。在"金角""银边"的位置，应该印上招聘单位的名称和企业标志，并以大号字体注明"诚聘"或"聘"的字样。

3.2.1.2 组织性质简介

招聘广告的第一段应该简明地写清组织性质及经营业务等情况，以便让应聘者对招聘组织有一个初步的了解，应避免文字过多、喧宾夺主，以简约的语言将组织最吸引求职者的信息表达出来。比如，某企业在简要介绍基本情况后，加上了这么一段话："在本公司，你可享受到以下福利：①班车接送；②带薪休假；③下午茶与零食；④健身房；⑤洗衣房。"这些具体、明确的福利可以迅速吸引招聘者的目光。

3.2.1.3 岗位职责和任职资格

招聘广告要发布的主要信息就是空缺职位的"岗位职责"和"任职资格"的有关信息。"岗位职责"告诉应聘者这个职位要求做什么，"任职资格"告诉应聘者该职位需要具备什么条件。当然，这里不需要将该职位

"工作说明书"中的相关条款全部照搬，可参考其中的主要条款并以简要的语言加以注明。实际招聘中，有些人力资源经理认为，既然我招聘的是有多年工作经验的骨干人员，还需要告诉他们该干些什么吗？其实，在不同的组织中，同样的工作很可能是由不同的职位承担的，比如，一家公司的营销经理既管市场、销售，又管广告和公关，而另一家公司的营销经理可能只管市场，对其他工作并没有经验。如果在招聘广告中注明工作职责，不符合条件的人可能就主动退出了。

3.2.1.4 简历投递方式和公司联系电话

广告的最后部分，要向求职者说明简历投递方式以及公司的联系电话。如："有意者请于某月某日前将详细的学习和工作简历、有关学历证书和身份证复印件、免冠近照、联系地址上传至……"还可以询问应聘者的期望薪资，这是有关求职者的重要信息。

3.2.1.5 避免设计太单调或过于花哨

有些招聘广告不进行版面设计，密密麻麻写满文字，令人望而生畏。而另一些招聘广告，主要是广告公司、媒体机构，常在广告中加入大量插图，尽管很有艺术性，但其信息传递详略失当、顾此失彼，甚至本末倒置。

3.2.1.6 不得违反我国法律法规

诸如性别歧视、年龄歧视、种族歧视、城乡歧视等违背我国法律法规的内容，在招聘广告中应该避免出现。

3.2.2 基于求职者的需要设置招聘广告的重点

招聘广告要解决的是招聘组织与求职者之间的信息不对称问题，要关注求职者对招聘广告的要求和态度，这有利于提高招聘的效率、体现组织对求职者的尊重。

3.2.2.1 个人发展空间和组织发展前景

根据我国高校毕业生和社会求职者两大类就业人群对招聘广告主要内

容重视程度的相关调查,两者重视个人发展空间的比例分别为58.8%和48.6%,重视组织发展前景的比例分别为43%和48.6%。可见,现在的员工更加重视的并非眼前的既得利益,而是哪个工作岗位能够给自己更多的发展机会和更广阔的发展空间。招聘组织如果想吸引更多的应聘者,可直接在招聘广告中体现这项内容,并可以在签约前为他们列出一份既简洁又具有吸引力的个人职业规划以及企业远景规划。这样既能吸引符合特定岗位要求的人员,也可显示出该公司对员工的责任心以及员工升迁的透明度,有利于树立组织文化和组织形象。

3.2.2.2 工资水平和员工福利

上述的调查还显示,招聘广告中标明工资水平和员工福利,仍是求职者非常重视的问题之一。数据显示,应届毕业生重视工资水平和员工福利的人数占总人数的34%和35.8%,仅次于个人发展前景和组织发展前景;而社会求职者中,这两项的比例分别为29%和30.4%,仅次于对个人发展前景和组织发展前景的重视。可见,薪酬问题是招聘广告内容中一个核心问题。与商业广告要求富有创意不同,招聘广告一般不强调创意,应以诚恳直白的语言和朴实简练的文字,实现对招聘人员的传播效果。即使为了加强人才招聘广告的可读性和吸引力而使用艺术化的构思,也要在符合组织特性的基础上做到内容翔实可信。调查还发现,人们更希望在招聘广告中看到明确的薪酬福利信息,否则很容易失去潜在的应聘者。

3.2.2.3 组织性质

我国组织的性质目前大致包括国家机关、事业单位、国有企业、民营企业、私营企业、个体工商户、外商合资企业、外商独资企业等,但仅从单位名称一般很难判断出组织的性质。从调查情况看,认为组织性质极其重要的人数占到30%以上。

3.2.2.4 任职资格

招聘广告中,任职资格界定清晰有利于吸引真正符合岗位要求的求职人员，从而提升空缺岗位与求职人员的匹配度，提高招聘的有效性。对于任职资格，针对不同人群的招聘需要不同的说明策略。调查显示，40岁左右的应聘者往往更重视新工作岗位所要求的任职资格。根据相关研究，35～55岁的员工正处在事业发展阶段，由于积累了一定的专业知识和经验，这类员工大多已经成为组织的骨干，能承担更多的职责。相对来说，应届毕业生缺少工作经验，针对他们的招聘广告在资格要求一项上可以处理得简单一些。

除此之外，招聘广告是否还需要添加其他项目，如组织文化情况、食宿条件、培训情况等，可视招聘组织的具体情况和广告篇幅而定，要根据具体情况突出重点，避免面面俱到。一则成功的招聘广告，既能体现组织对人才的尊重和渴求，又能表现出组织在管理上的细致、高效。

阅读材料3-1 字节跳动数据分析师招聘广告

薪资水平：1.5万～3万元

学历要求：本科及以上

工作地点：北京

岗位：数据分析

职位诱惑：下午茶，五险一金，团队氛围好，大牛带队

职位描述及职位职责：

1. 完善员工行为管理，审核事故数据体系、推动底层数据治理、完善底层埋点，指标建立；

2. 通过数据挖掘精准定位员工异常操作场景及风险，通过数据分析事故根因，定期产出员工行为分析，审核事故分析报告；

3. 运用机器学习、统计学、数学算法完成员工行为画像、事故归因模型0-1的搭建。

职位要求：

1. 3～5年互联网工作经验，有风控、反作弊数据分析工作经验优先；

2. 熟练使用 SQL 语言，掌握基本统计学知识，熟悉 Python、常见机器学习算法，具有模型搭建经验者优先；

3. 有较强的数据敏感性和业务理解能力，能够快速理解业务并制订合理的分析方案；

4. 表达沟通能力强，善于在跨部门沟通中协调资源，挖掘分析线索，优化分析思路，以提升分析报告的最终质量；

5. 具备强烈的好奇心和自我驱动力，喜欢接受挑战，追求卓越。

工作地址：

北京海淀区学清路东 50 米学清嘉创大厦 B 座 1 层

3.3 招聘策略

招聘策略主要是指组织为了达到一定的战略目标，尤其是为了满足组织对人力资源的需求，而利用组织资源采取的招聘行动的总计划。组织选人是讲求实用性还是为后期发展储备人才？不同的目的有不同的招聘策略。不同的企业根据环境状况和自身情况可确定不同的发展战略，招聘管理需要随之制定相应的策略。

3.3.1 人才吸引策略

为了吸引足够多的应聘者，组织需要分析与研究人才吸引策略。制定人才吸引策略前，应做一些调研工作。首先，分析目前已经在本组织任职的员工最初是出于什么目的来到这里的，现在他们认为本组织有哪些吸引力，还存在哪些让他们担忧和犹豫的地方；其次，了解本组织最近一个时期招聘的情况和效果，如投递简历的应聘者一般来自哪些地方，他们为什么选择本组织，由此基本可以确定本组织在招聘中的优势和劣势；然后，了解优秀组织具有哪些共性特点，通过与优秀组织的比较，找出差距，提出改进措施。通常情况下，人才吸引度高的组织往往

有以下几个特点:

(1) 高工资和高福利

高工资和高福利是吸引人才的重要因素,但不是唯一因素。薪酬对于几乎所有的应聘者而言都很重要,因此,向员工支付比市场现有工资水平更高的工资可以使组织在招聘方面形成一定的优势。

(2) 良好的组织形象

组织招聘工作受到组织形象和声誉的影响,良好的组织形象是组织在生产、市场、管理、技术等各方面的综合反映,是广大应聘者选择应聘单位的重要因素。另外,人员招聘也是组织向社会展示形象的机会,如果组织在招聘过程中能营造尊重知识、重视人才的氛围,给社会以良好的印象,就会增强组织的吸引力。例如,美国就以其人才政策吸引世界各地各方面的人才,为其发展提供丰富的人才资源。

(3) 工作本身的成就感

本组织有可能目前并不是最有竞争力的,如正处于发展阶段,很多体系还没有构建起来,效益和收入也不太理想,但与此同时,员工可以亲历创业的过程,亲历很多创造性的工作。这对于那些希望体验成就感的人来说也是很有吸引力的。

(4) 工作的自主权

如果任职的公司规模小,但可能有机会全面负责人力资源工作,这对相关人员是一个成长和锻炼的机会。

(5) 工作和生活之间的平衡

如果一个职位不要求员工放弃个人生活,讲求工作与生活的平衡,这对于那些在过去常常加班、频繁出差、苦于没有个人生活时间的人来说,就是有吸引力的。

此外,有出色的上司和同事、实行弹性工作时间、管理风格强调开放沟通和以人为本、是一个学习型组织、工作本身对社会的贡献等,都是吸引应聘者的因素。

某种程度上,招聘工作类似营销工作,既需要清楚自己的优势和不足,也需要了解竞争对手的优势和不足,还要知道自己的目标顾客是什么人群,如何才能激发他们的兴趣。这里的关键点有两个:一要找出自己的优势;二是明确哪些人是要吸引的目标。

3.3.2 人才选用策略

保留核心员工,降低人才流失率,是组织人力资源工作的重要方面,而把握好选聘关,才能避免日后的人才流失。为此,在选聘员工时,应当注意以下几点:

3.3.2.1 关注人才的文化、价值追求

人才流失的重要原因之一是人才不认可组织的文化、价值追求,因此选聘应关注人才对组织文化、价值追求的认可程度。比如,朗讯公司在人员选聘过程中就非常关注人才对全球增长观念、注重结果、关注客户和竞争对手、开放和多元化的工作场所、速度等文化价值观的认同程度。选聘既要重视人-岗匹配度,又要重视人与组织的匹配度。这里的组织主要指的是组织的文化和价值追求。

3.3.2.2 关注人才与团队的融合度

一些组织中,有些优秀人才尽管也认同组织文化,但最后还是流失了,究其原因是人才的个性特点与所在团队结构的兼容性不足。试想,对一个观念陈旧、员工素质普遍较低的组织,选聘一位观念超前、富有创意的人才,会出现什么样的结果呢?因此,在选聘过程中,除了关注人才个体的素质外,还要认真分析团队的结构特点,如团队成员的学历、性别、年龄、观念、价值取向等,尽量减少不必要的磨合成本,提高人才与团队的融合度。

3.3.2.3 关注招聘与培训开发的结合度

人员招聘是企业吸收新鲜血液的过程,也是组织积累人力资本、提升

组织竞争优势的起点。我们在招聘人才时应更多地考虑人才在组织中的长远发展，将组织目标的达成与人才职业生涯的发展融合起来，找到两者的平衡点。人才的培训开发应该贯穿包含人员选聘在内的所有人力资源活动中，对新聘任人员在上岗前要针对岗位要求进行导向性培训（包括环境介绍、业务熟悉、了解工作关系、了解组织文化等），让人才适应岗位，做到业绩优良，保证招聘成效的实现。

3.3.2.4 关注心理契约

心理契约理论认为，在组织与其成员之间存在一种非正式且十分重要的契约，即心理契约（psychological contract）。这种契约的基本含义是：在组织成员之间及组织与成员之间存在着"期望"和"对义务的承诺与互惠"。与经济契约不同的是，心理契约更强调个人与组织的关系而不是交换。这种心理契约的形式，在组织招聘人员的过程中就已经开始，并且存在于组织管理活动的几乎所有方面。现实生活中，某些组织的招聘者为招到满意的人员，会夸大组织的优点，如果等人才进入组织后发现事实并非如此，就会有上当受骗的感觉，期望越高失望越大，离职率势必上升。在人员选聘中，招聘人员应坦诚相见，给到应聘者有关职位的信息应真实、准确、完整，明确告知组织的发展战略和企业的发展目标，让应聘者了解组织的真实情况后进行理性的选择，从而提高招聘的有效性，降低人员流失率。

3.4 招聘信息发布渠道的选择

3.4.1 内部招聘与外部招聘的模式比较

内部招聘与外部招聘优势、劣势的比较如表3-1所示。

表3-1 内外部招聘优劣势对比

内部招聘	外部招聘
优势： 组织对候选人的能力有清晰的认识 候选人了解工作要求和组织状况 奖励高绩效员工，有利于鼓舞士气 组织仅需要在基本水平上雇用 更低的成本	优势： 更大的候选人遴选范围 会把新的技能和想法带入组织 比培训内部员工成本低 降低徇私的可能性 激励老员工保持竞争力，发展技能
劣势： 会导致"近亲繁殖" 会导致为了获得提升的"政治性行为" 需要有效的培训和评估系统 可能会因操作不公或心理因素导致内部矛盾	劣势： 增加与招聘和甄选相关的难度和风险 需要更长的培训和适应阶段 内部的员工可能感到自己被忽视 新的候选人可能并不适应企业文化 增加搜寻成本等

3.4.1.1 内部招聘

内部招聘的优点主要表现为以下几个方面：

首先，为组织内部员工提供了发展的机会，增加内部员工对组织的信任感，这有利于稳定、激励内部员工，调动员工的积极性，提升内部员工的绩效水平。其次，可为组织节约大量的费用，如广告费、招聘费、培训费等。再次，简化招聘程序，为组织节约时间，省去许多培训项目（如职前培训、基本技能培训），减少组织因职位空缺而造成的间接损失（如岗位闲置等待、效率降低等）。最后，应聘者了解组织的同时，组织对内部员工也较为了解，人员更加可靠，有利于保持企业内部的稳定性，避免识人用人上的失误。而且，对于那些刚进入组织时从事了不感兴趣的工作的员工来说，内部招聘可以提供一个机会，使他们有可能转到感兴趣的岗位工作，进一步提高组织的招聘质量。

内部招聘的缺点主要表现为以下几个方面：

首先，由于人员选择面小，往往不能满足组织发展的需要，尤其是组织处于创业初期或快速发展期，或需要特殊人才（如高级技术人员、高级管理）时，仅仅依靠内部人才资源显然是不够的，必须借助于组织外的劳动力市场，采用外部招聘的方式来获得所需的人才。其次，内部招聘可能使被拒绝的申请者感到不公平、失望，从而影响工作的积极性和创造性。再次，长期使用内部招聘，会导致组织内部"近亲繁殖"，管理理念和管理风格趋同，缺少创新意识，影响组织的活力和竞争力。最后，内部招聘有可能造成组织内部矛盾，比如，职位之间待遇上出现差异等。

3.4.1.2 外部招聘

外部招聘的优点主要表现在以下几个方面：

首先，外部招聘挑选的余地大，能招聘到更优秀的人才，尤其是一些稀缺的复合型人才，从而可节省内部培养和培训的费用。其次，新员工会带来不同的价值观和新观点、新方法、新思路，从而给组织带来更多的创新机会。新员工与组织内部的人员没有各种复杂的关系，可以放手工作。再次，外聘人才无形中给组织原有员工形成压力，可激发危机意识、斗志和潜能，从而产生"鲶鱼效应"，通过良性竞争而共同进步。另外，外部招聘可以缓和、平息内部竞争中的紧张关系。组织内部出现不良的竞争会导致勾心斗角，影响正常工作，而外部招聘可以使竞争者得到某种心理平衡，从而缓解他们之间的矛盾。最后，外部招聘也是一种很有效的信息交流方式，组织可借此树立良好的社会形象。

外部招聘的缺点主要表现为以下几个方面：

首先，由于信息不对称，组织的筛选难度大、成本高，可能出现被聘者的实际能力与招聘时的评价不符的现象。其次，外聘员工需要花费较长的时间进行培训和定位，也可能挫伤内部有上进心、事业心员工的积极性，或者引发外聘人才与内部员工之间的冲突。再次，外聘人员需要一定时间才能适应组织文化，并可能出现"水土不服"的现象。最后，外聘人才可能仅将组织作为职业生涯的"中转站"。

3.4.2 不同类别职位的招聘渠道选择

在招聘管理实践中，组织招聘可以选择多种渠道进行，如何以合理的成本吸引足够数量、高质量的工作申请人，组织需要分析并不断总结经验。研究证明，内部招聘与外部招聘相结合会产生最佳的效果，如何结合以及结合的力度取决于组织战略、职位类别与组织在劳动力市场上的相对位置等因素。

美国人力资源管理学界的主流看法是，招聘专业技术人员最有效的三个途径依次是员工推荐、广告和就业服务机构；招聘管理人员最有效的三个途径依次是员工推荐、猎头公司和广告。研究人员还认为，对于需要保持相对稳定的组织中层管理人员，更适合从组织内部进行提拔，而在需要引入新的管理风格、面临新的竞争格局时，高层管理人员可以考虑从外部引入合适的人员。不同的工作岗位应该有不同的招聘来源。

3.4.3 组织在不同发展阶段、不同文化下的招聘渠道选择

组织在不同的发展时期可以选择不同的招聘渠道。在组织的初创期，特别需要有能力、有经验的人才加盟，然而现场招聘这样的人员几乎没有可能性。这些人才往往已经有稳定的职位，不大会有空闲时间去参加现场招聘会，但有可能通过网络投放简历，组织可以采用网络招聘的方式去寻找。组织初创时期，由于规模较小、员工人数有限，会更多地从外部进行招聘以补充空缺职位，尤其是基层的很多岗位。对于管理人员和技术人员，此时可采用内部招聘，根据不同的表现给予内部晋升、工作轮换、返聘等。而对于成长期的组织，由于规模日益壮大，对新员工的需求量逐渐增加，内部劳动力已满足不了组织的发展，需求和供给的矛盾会比较突出，需要较多采用外部招聘的方法。

这样可以满足本组织对人才的需求，也可借此展开对组织的形象宣传。此外，成长期组织如果需要中高层管理人才，更适合通过猎头公司进行招聘。

另外，不同的组织文化与经营风格也倾向于不同的招聘渠道和方法，日本企业的管理特色之一是内部提拔；IBM、HP 等公司的 CEO 则更多地采用"空降"方式。还有一些组织，根据自己的发展战略和偏好，从应届大学毕业生中招聘人员，他们看中的是大学生们所具备的开拓创新和不惧困难的精神，尽管需要花费很大的精力和财力去培训这些新手。一些组织在一定阶段更倾向于从外部组织（经常是竞争对手那里）招聘那些有相应工作经验并有社会关系网络的熟练型人才，招聘后不需要重新培训即能使用。

由于影响招聘效果的因素是多方面且是动态变化的，一般我们不能绝对地认为哪种渠道或方式更合适，重要的是组织应根据自己的战略、经营环境、竞争态势等实际情况和组织文化等综合分析，最终决定选择哪种招聘渠道和方式。

思考题

1. 简述招聘计划的制订过程。
2. 简述招聘计划的内容。
3. 招聘广告的设计要点有哪些？
4. 招聘策略有哪些？
5. 招聘信息的发布渠道该如何选择？

4 简历筛选

学习目标

1. 熟悉提高简历投递量的技巧
2. 熟悉求职人员申请的筛选技巧
3. 了解筛选合格人选的过程

名言指路

世有伯乐,然后有千里马。千里马常有,而伯乐不常有。

——唐·韩愈

骐骥虽疾,不遇伯乐,不致千里。

——汉·刘向

4.1 提高简历投递量的策略

4.1.1 选择节后招聘高峰期

在人才市场上,通常有"金三银四""金九银十"的说法,各种大型招聘会也大都集中在春季和秋季举办。在招聘高峰期,大量人才聚集于三大常规招聘渠道,即网络招聘、现场招聘与媒体广告招聘,这里面肯定有一定比例的人才符合要求，这也符合概率与漏斗原理。此时，企业当务之急是加大常规渠道人才的筛选力度，尽快把好的人才挖掘出来并迅速与之接触。

某企业注意到这样一个现象：农历新年前后，许多有求职意向的人才在各招聘网站更新简历，于是企业马上启动招聘，在春节前后的小段时间里，针对重要、稀缺岗位，集中、大量搜索简历，迅速汇总后批量电话沟通，甚至在其他企业尚未上班时，奔赴各地集中进行预约式招聘面试，赶在大型现场招聘会之前，短时间内收获不少中高级人才。

这一时间段，大多数企业都不招聘，因为没有竞争对手，招聘效果异常好，这其实是利用了市场空窗期。

如果某企业的招聘量特别大，其内部人才出现流失的可能性也较大，可以重点去关注与挖掘这样的企业。招聘量大，说明该企业内部业务压力大，加上大量外部人才的进入对内部人员形成冲击，这时候"挖人"最恰当不过了。

4.1.2 多种渠道投放，加大宣传力度

在招聘高峰期，企业可使用多种渠道组合，合理分配资源，不要把所有的鸡蛋都放到一个篮子里。

人才市场变幻莫测，渠道选择不可避免地存在风险。渠道选择要符合企业实际，外部渠道与内部渠道相结合。比如，某咨询培训企业发现内部人才推荐的效果更明显，就减少了外部广告投放，把资源集中在内部人才推荐上。

在招聘宣传上，各种渠道的联动很重要，比如，通过报纸广告的品牌宣传间接提升其他招聘渠道的效果；在网络招聘信息中可以告知应聘者企业现场招聘的信息，提前聚集人气；综合性招聘会可以和企业专场招聘会配合，集中举办企业专场招聘会。

在渠道宣传方面，"占据首页"很有效，即在投放网络招聘广告时，

购买招聘软件（如 BOSS 直聘、智联招聘、58 同城等）的开屏广告或者首页推荐位置，选择软件首页、靠前的位置。宣传广告要富有冲击力，如广告占据报纸整个版面，配以鲜明的图案与富于鼓动性的话语，宣传效果将很明显。

4.1.3 提高、注重效率

企业要想提高招聘效率，比其竞争对手更快招聘到优秀人才，简化与优化招聘流程很重要。比如，某企业完成第一天现场招聘后，当天就筛选出复试名单通知第二天面试（即使第二天是周末），这样的招聘效率可给应聘者留下了很好的印象。有的公司会在招聘会上将应聘者接送到公司面试（甚至异地接送），特别是那些招聘数量比较大的职位，如普通工人与销售岗位等。

高峰期，拓宽招聘的通道很重要，包括简历、面试、审批的通道，还要有绿色通道（特殊人才特殊处理）。比如，集体面试，多个面试官同时进行多组面试（一对多或多对多），批量筛选人才。

除了招聘速度，还要以关怀求职者为导向，工作细致到位，打动应聘者，获得优秀人才的青睐。

①现场招聘会，很多人由于排队时间过长而离开，企业可以设置简历投递箱，先收集简历，然后约见。

②企业可给应聘者提供饮料、茶水，或者水果、面包等，体现企业管理的人性化。

③有的企业在面试结束时会给应聘者一个小信封，里面是车马费，这可以形成良好的口碑，小钱办大事。

④有的企业会做应聘者满意度调查，了解应聘者对企业的真实评价。

企业要形成标准化的招聘服务机制，将招聘做成企业品牌宣传的窗口，形成企业独特的人才竞争优势。

4.1.4 整合内外部资源，加快招聘流程

企业应充分调动内外部资源，比如，邀请其他业务部门参与简历筛选与初试，这样可以减轻招聘人员的压力。异地招聘时，由于路途远、成本高，可以进行线上面试或者经当地人才市场初试后再推荐给企业面试。

对不同层次的人才，企业可以找不同的人去沟通，比如，专业人才让业务部门沟通，高级人才让公司中高层管理者沟通。企业遇到优秀的申请人，可马上推荐给领导面谈，人力资源部带领应聘者参观企业、介绍企业历史与现况，促使其了解、认同企业。总之，招聘人员要充分借助内外部资源，跳出流程之外，主动推动、管理与优化招聘流程，让公司内部人员认识到招聘的重要性，熟悉招聘理念与方法，积极参与招聘工作，以更高效率、更低成本、更高质量达成招聘目标，为企业经营目标的实现奠定坚实的基础。

4.1.5 充分利用渠道

4.1.5.1 面试者的朋友

为某岗位物色人才时，首先接触的是符合任职资格的应聘者，但在应聘者中，只有极少数人真正符合企业岗位要求，大部分应聘者可能都不符合，但这些人都是有价值的，可以了解行业内人才信息，还可询问他们有没有合适的人选推荐。同时，与他们坦诚交流，说明企业的人才需求，提出中肯的职业发展建议，条件允许的话可为其推荐更适合的工作。这样的真诚沟通能达成双向理解，可实现双方价值的对接和共赢。

4.1.5.2 人力资源同行

各企业的HR专员从事人力资源工作，接触各类应聘者的机会多，很多都建立了自己的人才库，也具备甄别人才的专业水平。与同行保持联

系，当有紧急招聘的时候，可询问他们有没有合适的优秀人才，说不定会提供一些符合条件的人才信息，这是一支庞大的人才官队伍。

4.1.5.3 业务部门员工

这类群体通常有一些竞争对手或者合作伙伴的人才信息，有利于有针对性地挖掘人才。他们熟悉公司情况，对公司文化认同度高，通过他们传递公司与职位的信息，所推荐人才的稳定性也比较高。但业务部门员工有时会过多考虑公司内部因素，担心推荐人才会对自身造成影响，或者想当然地认为某些人不符合公司需求，有意或无意地屏蔽掉一些潜在的人选。

4.2 岗位筛选技巧

4.2.1 简历与申请表概述

4.2.1.1 简历

简历是应聘者的个人介绍材料，简历的内容大体上可以分为两部分：主观内容和客观内容。招聘组织的注意力应放在客观内容上。客观内容主要分为个人信息、受教育经历、工作经历和个人成绩等几个方面。个人信息包括姓名、性别、民族、年龄、学历等；受教育经历包括上学经历和培训经历等；工作经历包括工作单位、起止时间、工作内容、参与项目名称等；个人成绩包括学校、工作单位的各种奖励等。主观内容包括应聘者对自己的描述，如本人的性格、兴趣、爱好等，主要是应聘者对自己的评价及描述。

应聘者简历的格式五花八门，很难统一，有些组织需要的信息不一定能在简历当中反映出来，为甄选制造了障碍，也不便于在应聘者之间进行比较。但个人简历可以体现个人特色，应聘者有较大的自由空间来展示能力和风采。

4.2.1.2 申请表

申请表是招聘组织设计，包含岗位所需基本信息，并用标准化的格式表示出来的一种表格。申请表的目的是收集组织需要了解的岗位相关信息，方便对应聘者进行筛选，并从中选出参加后续甄选的人员。申请表内容一般包括个人基本情况、应聘岗位情况、工作经历和经验、教育与培训情况、生活和家庭情况、个人的职业发展设想、个人的任职要求等。需要注意的是，应聘申请表中不应含有歧视性和涉及个人隐私等敏感内容。

一般来说，申请表有以下特点：

一是结构清晰、内容简洁。经过精心设计的申请表应该有合理的结构，并且布局简洁，以节省甄选时间，公正准确地获取应聘者的有关资料。

二是既有通用信息，又能反映岗位特色。相对于简历而言，申请表更有针对性，申请表由组织决定填写那些项目，所有应聘者都应按照表列项目提供相应的信息，组织可以较为准确地了解到应聘者的相关资料。

三是为后期的其他选拔方法提供参考。申请表设置有具体的、有针对性的问题，有助于面试中交叉参考。

4.2.1.3 申请表的设计

很多组织设计有申请表，要求应聘者填写，但无论格式如何，申请表不外乎如下内容：

（1）个人基本资料

个人基本资料包括姓名、性别、照片、年龄、籍贯、婚姻状况、健康状况、联系地址及电话、个人邮箱、家庭状况等。

（2）教育背景

教育背景主要说明应聘者所受的教育历程和内容，其中包括教育程度及历程、毕业年限、主修科目、论文主题、个人成绩等。

（3）工作经验

这是申请表中最重要的部分，能够反映应聘者的职业经验和经历，应该涉及的信息包括：所在组织的名称、起止日期、所在部门、岗位名称、主要工作职责、重要业绩、离职原因、薪资福利状况、直属上司或下属、主要参与项目、所获的奖励或处罚等。对一些刚从学校毕业的职场新人来说，这部分内容能够反映他的社会活动能力，如参加的社团及职务、举办的活动、志愿者活动、社会实践等。

（4）能力资格和培训经历

这部分内容可以反映与岗位相关的技能信息，如专业训练与证件、职业资格证书、语言能力和计算机应用能力等。

（5）自我认识和其他个人信息

自我认识信息包括个人性格描述、自我评价、价值理念、生涯规划、兴趣爱好等；其他个人信息包括个人期望待遇、应聘动机等。

（6）组织希望了解到的其他信息

组织可以根据需要提出一些较为个性化的问题，以便对应聘者进行判断，如"你职业生涯中经历的最困难的事情是什么？你是如何应对的？""你如何评价自己的优缺点？"表4-1为应聘申请表的示例。

表4-1 应聘申请表

填表日期： 年 月 日

姓名		性别		民族		
出生年月		籍贯		政治面貌		照片
毕业院校				学历（学位）		
所学专业				毕业时间		
身份号码				联系电话		
报名岗位				英语水平		
通信地址						

续表

特长爱好	
期望薪水	
学习经历	
工作/实习经历	
奖惩情况	
自我评价	
其他情况	

家庭成员及主要社会关系	姓名	与本人关系	工作单位及职务

报名人承诺	本表所填内容正确无误，所提交的信息真实有效。如有虚假，本人愿承担由此产生的一切后果 报名人签名：

4.2.2 简历与申请表的甄选方法

如何从众多简历和申请表中挑选出下一步要面试的应聘者？虽然人力资源管理人员已有相当多的简历分析经验，但仍不可避免地会犯一些错误，导致将真正合适的应聘者拒之门外。

现在有不少人的简历为了成功应聘，添加了一些虚假的内容，或是夸大了事实。这就需要对简历做出辨别，对一些不确定的问题，应在接下来的面试及其他甄选中进行确认。

4.2.2.1 基本客观信息甄选

4.2.2.1.1 个人信息

根据岗位要求对应聘者的工作年限、学历、相关工作经验等信息进行判断，根据职业生涯的规律判断就职动机：25岁以前的职业初期，个人求职大多是为了增加职业经历；26～30岁，会比较注重个人职业定位与发展；31～40岁，属于经验比较丰富的阶段，这个时期比较注重工作的薪资福利和更好的职业发展机会；40岁以上的应聘者会比较注重工作的稳定性。

4.2.2.1.2 受教育程度

查看应聘者教育背景时，要特别注意是否存在含糊之处，比如没有注明大学教育的起止时间和类别、学位情况、全日制还是在职教育等。查看应聘者培训经历时要重点关注专业程度较高的培训、培训机构是否专业和权威、培训与专业是否相吻合等。

4.2.2.1.3 工作经历

工作经历也是查看的重点，是评价应聘者是否符合工作要求的重要方面，可从以下方面做出分析与筛选：

（1）工作的期限

这方面主要查看应聘者工作时间的长短、跳槽或转岗频率、每项工作的时间长短、工作时间上的衔接等。工作年限对招聘职位的参考性很强，比如，经理岗位工作5~10年最佳，专员岗位工作1~3年最佳。有人将工作年限按"一年以上、三年以上、五年以上、八年以上、十年以上"分类，需要结合实际情况计算工作年限。一些应届毕业生会把实习时间当作工作时间，这一点要注意区分。

通过出生日期、工作年限、毕业年限可以进一步推算应聘者毕业时的年龄，从毕业年龄可以分析以下因素：是晚毕业还是早毕业（可以作为面试中的一个提问切入点），是全日制教育还是在职教育。具体计算方法为：目前年份（如2022年）－出生年份（如1991年）－工作年限（如4年）＝毕业年龄（27岁）。这说明毕业时间偏晚。

（2）是否有频繁跳槽或转岗的现象

这方面可根据相关的信息分析其任职的稳定性，如果不适合职位要求，直接筛掉。

（3）查看应聘者工作的衔接情况

如果应聘者非常频繁地变换工作，对于工作变换的原因是需要分析的。频繁变换工作并不一定存在问题，关键是为什么变换工作。一般来说，频繁更换工作的应聘者工作稳定性较差。

4.2.2.1.4 工作岗位和工作内容

①主要查看应聘者工作的经历和内容是否与招聘岗位相关，如相去甚远则需要认真考虑。例如，从事若干年财务工作的人员申请销售职位，需要判定其动机和是否有销售的潜能。

②结合工作时间，查看应聘者在专业上的深度和广度。如果应聘者工作时间短而工作内容较深，要考虑简历存在虚假的可能。面试时可作为重点来考察，特别是细节方面。应聘者曾经工作组织的大致背景，通过面试进行审核，能获得应聘者更完整的信息，发现其中的亮点或疑点。对于亮点和疑点，还须进一步的甄选、确认。

③结合以上内容，分析应聘者工作经历是否属实、有无虚假信息。例

如，一名28岁的应聘者自称曾做过教师、行政人员、财务人员、公司总经理，现在来应聘工厂厂长，这样的经历显然是不太可信的。如果能够断定造假，则直接筛掉。

4.2.2.1.5 期望薪酬

薪酬是判断一个人是否符合公司与岗位要求的重要因素，要看该申请人目前薪酬与社会平均薪酬的对比。如果一个人的薪酬与年龄、所处职位应达到的水平相差较大，可能说明其能力与潜力不足。还要对比申请人目前薪酬与公司相应岗位薪酬是否具有重合性，如果相差较大，则要考虑公司是否能满足应聘者要求。

4.2.2.2 基本主观信息甄选

这部分信息包括应聘者对自己的评价与描述等，主要查看应聘者自我评价或描述是否适度，是否属实，并找出这些评价与描述是否与工作经历存在矛盾或不符的地方。如果能够判定应聘者所述内容不属实，可直接筛掉。

4.2.2.2.1 全面审查简历的逻辑性

这里主要审查应聘者工作经历和个人成绩，要特别注意其描述是否有条理、是否有逻辑性、是否有矛盾的地方，并找出相关问题。如果简历上工作经历罗列了一些高级职位，但应聘的却是一个普通职位，就需引起注意。如能断定应聘者简历存在造假，可将之剔除。

4.2.2.2.2 自我评价

自我评价是简历的重要部分，主要查看以下内容：

（1）条理性

思路是否清晰，是否有逻辑性，比如用序号表达的一般逻辑性较强。

（2）最看重的经历

申请人通常会对自己的工作经历做一个总结，从中可以看出申请人自认最出色、最突出的经历，从而推测出他的优势领域。

（3）最突出的能力

申请人一般会描述自己的能力，通常着力呈现的就是他的突出能力，各项能力的排序能体现出重要程度。另外，要从突出能力的反面推测其弱项，如果申请人明显省略了某方面内容，这方面通常是其薄弱之处。比如，申请人的描述是"踏踏实实做人，认认真真做事"，则人际交往能力、灵活处理问题能力可能有所欠缺，需要加以考察。招聘人员要关注与公司发展需求相匹配的能力，如沟通能力、领导能力、创新能力等。

（4）性格特征

申请人重点说明的是其突出的性格特征，反观则可看出其个性的弱点。另外，要注意个人的性格特征与企业文化特征、招聘岗位是否匹配。比如，个性特征要求与公司文化匹配，有激情、进取心，善于团队合作。

（5）自我定位

通过申请人定义的"自我形象"（包括目前角色定位与期望角色定位），再评估其与招聘的岗位是否匹配。比如，有的申请人希望成为一名创业者，这与应聘企业职员无疑是有矛盾的，可能仅把这一工作职位作为铺垫。

4.2.2.2.3 工作经验

工作经验是人的第二学历，它决定了申请人工作知识、技能与经验能否胜任岗位。考查工作经验一定要关注工作经历的衔接性与延续性，这体现了申请人的职业发展曲线，每一次调整都属于职业锚的调整，反映其思想、心理与工作生活状态的变化。

（1）工作时间

①工作时间的衔接性：

首先是工作时间与教育时间是否重合，主要包括申请人的毕业时间、全职工作还是兼职工作、全日制教育还是在职进修等。特别要注意两者重合、矛盾、空档之处。其次是各项工作之间是否有断档。留意各项工作的衔接性，有的简历会缺失某段工作经历，需要考察其原因，这可以作为考察申请人诚信及其他素质的切入点。

②工作时间的长短：

工作时间长短主要考察其稳定性，1年内转换工作是偏短的（不太正常），1~3年是相对正常的，3~5年是常见的时间。如果申请人在1年内转换工作，要分析该岗位所在的行业、企业、工作职责是否特殊，是否因为能力不匹配造成。如果在较早的工作中比较稳定，而最近几份工作频繁转换，很可能说明其正处于职业摸索期，处于不断试错的过程，需要特别注意这类简历。相反，如果从前频繁转换工作，近期工作比较稳定，则说明工作比较匹配。

（2）原工作单位

原工作单位的业务领域：主要是看其产品、运作模式、工作环境与本企业是否有相似之处，如果差异较大就要慎重考虑。原工作单位的规模：工作单位的规模对工作的方式、要求的能力影响较大，如果申请人在与本企业规模相当的企业里工作得较好，那么能胜任工作的概率就比较高。工作单位的性质：包括国企、外企、民营企业等，如果申请人在某种类型的企业中工作时间较长，说明其比较适合在这种企业文化中工作。

（3）曾经所处行业

首先，分析申请人曾经所处行业与本企业所在行业的相关性。如果是相同或相关行业，可以优先考虑，这类申请人比较了解相关的知识与流程；如果是不相关行业，需要分析该行业对人才的影响，因为不同行业的人才层次与特征不同，可以着重考虑主流性行业（金融、通信、地产、IT、制造、物流、零售等），因为这些行业竞争激烈、管理规范，人才会得到较好的锻炼，形成一定水平的职业意识与专业能力。其次，分析申请人工作经历的各个行业的相关性。如果申请人在同一行业或者相关行业转换，说明其职业规划意识较强，有计划性，可以重点关注。如果申请人一直在不相关行业转换，说明其自我发展意识不强，不断在不同行业间转换职业，很可能要从零开始发展。

4.2.2.3 申请人员简历的筛选技巧

招聘人员会花费很多时间从大量的简历中"淘出"条件接近的申请人,但这样的简历筛选还远远不够。因为简历信息背后往往隐藏着申请人的价值观、素质与能力状况等。简历分析的作用主要是做减法与加法。减法主要是提前识别,在面试前就排除掉不合适的申请人,以免浪费时间;加法主要是对那些硬性条件不合适的申请人,挖掘其内在的可为企业所用的能力,从而发现人才。从这两个方面来看,花时间筛选与分析简历是值得的,是低投入、高回报的事情。简历筛选分析的重点是对企业职位需求与申请人条件进行关联性分析,并挑选出匹配的简历。这需要穿透简历表象,分析内在机理,招聘人员或面试人员要专注、用心地找到企业关注的重点以及申请人的亮点。有一个方法,就是在阅读、分析简历时采用"+""-"标注法,即简历中与企业、职位需求正相关的内容就标注"+",负相关的内容就标注"-",最后汇总"+""-"各有多少,体现申请人对企业正面价值与负面价值的比例。另外,在面试申请人之前,对简历进行充分的分析也非常重要。这时要列出面试的问题纲要,特别是对简历中的疑点、矛盾点做好记录,以便面试时考察追问,这对提高面试的效率与质量有重要作用。

好的简历一般有以下几个特点:

4.2.2.3.1 目标明确、重点突出

首先,优秀的简历通常可呈现目标企业所需要的信息,强调申请人能为目标企业、部门与职位带来哪些收益,并剔除了那些多余的不相关信息,目标明确,有的放矢。其次,优秀简历重点突出,大多会呈现与企业相关的经历、经验、能力,让人看完简历后即可把握住申请人的核心优势、特点。另外,优秀的简历建立在申请人对目标行业、企业充分了解的基础上,经过个性化设计、修改,而不能千篇一律。申请人要提前分析目标企业的行业特点、企业文化、职位要求,挖掘出自身经历、经验等与之相关的部分,进行有针对性的呈现。

4.2.2.3.2 硬件指标过硬，有事实数据支撑

什么是硬件指标呢？毕业院校、专业背景与成绩、技能证书、工作年限以及原来的企业背景、职位层级、工作绩效与奖励等，这些都是硬标准。好的简历其实不需要过多的语言描述、包装，只需要呈现事实数据就有充足的说服力。招聘人员不要被应聘者的定性描述牵着鼻子走，要注意收集量化的证据去论证申请人是否符合岗位要求，特别是在过去的工作中做了什么事情、结果如何，只有过去有良好的表现与成绩，才能据此推测将来对本企业的贡献。优质申请人的简历还有一个特征，就是在同类行业与职位上，职业发展路径一直呈上升的趋势，而不是上下波动。

4.2.2.3.3 内容简明扼要，语言表达流畅、准确，逻辑合理

优秀简历的内容简明扼要，语言表达流畅、准确，逻辑合理，没有错别字。优秀的简历通常以要点的方式呈现，而非以段落的方式，给人条理清晰的印象。这体现了申请人清晰的思路、良好的逻辑思维与语言驾驭能力。优秀的简历不需要过多的篇幅，一两页即可，惜墨如金，恰到好处，让人读后意犹未尽。简历表述不可累赘，用词过多、篇幅过长、无重心、有错别字、格式不规范，而应前后一致，逻辑严谨，无矛盾之处，不能出现明显的负分项。好的简历从教育经历到工作经历，通过事实数据体现出申请人良好的成绩与表现，突出一贯优秀的形象。

4.2.2.3.4 适时点缀亮点与特长，锦上添花

优秀的简历通常还要尽可能呈现出他人没有的特点，包括和工作直接相关的，以及非直接相关的，从而呈现出申请人的意志、毅力、进取心。与工作直接相关的特点包括：在职进修并获得相应证书、发表专业文章、取得行业荣誉、海外留学与工作经历等；非直接相关的特点包括运动特长（网球、羽毛球、篮球、游泳等）、书法、乐器（如钢琴、小提琴、吉他）等。这些领域取得一定的成绩与奖项，虽然与工作无关，但是可以反映出申请人内在的素质与能力。

4.3 确定合格人选

4.3.1 筛选评估准备

进行简历筛选评估之前,招聘人员需要制定评估指标,然后结合招聘岗位的岗位描述和资格条件,确定硬性指标、软性指标及其标准,并确定各评估指标权重,确定参加筛选的人员,总体评估结果比例关系等。表 4-2 为筛选评估表。

表 4-2 简历/申请表筛选评估表

编号:　　　　　　　　　　　　　　　　　日期:　　年　月　日

求职者				应聘职位		
评估人				评估日期		
评估角度	评估内容	评估重点	权重	评估标准		得分
整体角度		简历的完成情况	5%	简历填写完整且规范,字迹清晰,计5分 简历填写不完整,有空白项目,计3分 空白项目多,有重要项目未填写,计1分		
		简历的语言风格	3%	用语简洁,切中实质且无错别字,计3分 长篇大论,华而不实,有错别字,计1分		
		简历的逻辑关系	2%	前后描述无逻辑矛盾,计2分 前后描述有矛盾,水分较大,计1分		
项目角度	基本信息	年龄	5%	在标准值上下浮动5岁,计5分 超出标准值5~10岁,计3分 超出标准值10岁,此项不得分		
		现居住地	5%	在工作地点所在市区且长期居住,计5分 离工作地点较远,交通不便,计3分		

续表

评估角度	评估内容	评估重点	权重	评估标准	得分
项目角度	教育及培训经历	学历	5%	本科研究生及以上学历，计5分 本科学历，计2分 大专及以下学历，计1分	
		英语等级	5%	大学英语六级（或专业英语四级），计5分 大学英语四级，计4分	
		大学期间表现	8%	参加社团较多，担任管理等职位，计8分 参加社团活动较少，计5分 在校期间未参加社团等活动，计3分	
		参加培训情况	7%	参加过大型正式培训，培训内容与招聘岗位要求类似，计7分 参加过培训但是与招聘岗位无关，计5分 未参加过培训，计3分	
	工作意向	期望职位及发展方向	5%	与招聘岗位及本公司所在行业类似，计5分 与招聘岗位及本公司所在行业无关，计3分	
		工作的连贯性	10%	每份工作间隔未超过2个月，计10分 最近一份工作离职于6个月前，计5分 最近一份工作离职于1年内，计3分 最近一份工作离职于1年前，计0分	
		工作的稳定性	10%	每份工作任职时间均超过3年，计10分 工作年限较短，任职时间在1~3年，计8分 从事多份工作且时间都不长，计5分 频繁跳槽，每份工作时间都不超过1年，计0分	

续表

评估角度	评估内容	评估重点	权重	评估标准	得分
项目角度	工作意向	工作经历相关性	15%	与招聘岗位相同或类似的长期工作经验，计15分 与招聘岗位相同或类似的短期工作经验，计10分 曾任职位与岗位无关，计5分	
		行业背景	5%	曾任职公司所在行业与本公司相同，计5分 曾任职公司所在行业与本公司不同，计3分	
	自我评价	性格特点	5%	性格特点适合岗位性格需求，计5分 性格特点与岗位性格需求有所不同，计3分	
		特长	5%	特长较多且适合岗位需求，计5分 特长较少且与岗位需求不一致，计3分	
合并得分					

4.3.2 实施简历/申请表评估

实施简历评估就是评估人员按照固定的标准，根据各项指标权重对简历内容进行评估。在评估过程中，评估人员要注意例外情况（如特殊才能、特殊经历等）的处理。

4.3.3 确定简历评估结果

根据评估结果，可以按照筛选阶段人员确定的比例确认简历分类结果，经过筛选，将简历分为"高薪聘用、非常合适、比较合适、应该争取"等几类。同时建立企业的招聘人才库，做好人才储备工作，为企业解决临时用人的燃眉之急。

思考题

1. 提高简历投递量的技巧有哪些?
2. 如何对简历/申请表进行筛选?
3. 如何确定合适的人选?

5 笔试测评

学习目标

1. 了解招聘中的笔试测评环节
2. 认识笔试测评试题的类型
3. 明确笔试测评试题的常见内容
4. 熟悉笔试测评环节的具体实施过程

名言指路

唯秉至公，以为取舍。

——唐·白居易

时人不识凌云木，直待凌云始道高。

——唐·杜荀鹤

笔试测评是指通过纸笔填写的形式，对应聘者的基本知识储备、文字语言写作、人格特质、心理状况等方面进行测评的方法。这是一种与面试相对应的测评，具有许多优点，如：可大规模进行，成本低、费时少、效率高；客观公正，具有科学性，对知识、技能和能力的考察信度和效度较高。同时，笔试测评也存在一些局限性，如：不直观、方法单一，无法考察应聘者的态度、表达能力、灵活应变能力、组织管理能力等；可能出现

"高分低能"情况，也不能排除作弊和偶然性等。因此，在企业招聘过程中还需要采用其他测评方法予以补充。

通过笔试的方法录用人才在古代就有所应用，我国的科举制度就是一套选拔范围广、方法完备、制度严格、标准统一的笔试测评体系，以选拔优秀人才。其公平性、广泛性、竞争性备受世人认可。

5.1 笔试准备工作

笔试的题目编撰工作是笔试测评准备中最核心的环节，科学合理的题目配置能够准确有效地测评出被试者基础知识、专业知识、管理知识、相关知识、综合分析及文字表述等情况。

5.1.1 试题编写的要求

笔试题目不仅用于考查应聘者的知识能力，同时还是对企业的组织形象和业务层级的体现，应聘者可以通过部分试题侧面了解企业文化与整体水平，因此，试题的编写一定要真实科学、认真仔细，要求编题人员掌握知悉企业各方面的现状。针对不同的岗位，笔试题目也略有区别，应符合下列基本要求：

（1）题型架构合理、主客观结合

试题的整体框架设计要尽可能覆盖多维度知识模块，考查内容在各维度合理分布，结合企业或具体岗位所需的知识、能力，编写符合实际工作要求的试题。同时，题型应主观题与客观题相结合，题目比例可灵活调整，既要能够考查知识，又让应聘者有所发挥，综合考查个人的知识掌握情况。

（2）形式新颖、语言规范

试题编写应适当新颖，不落俗套，形式灵活多样，问题的正确答案要有明确定论，避免偏题、怪题。试题的语言表述要清楚易懂，没有歧义，尽量少使用过于专业的词汇,以免出现应聘者难以理解题目的情况。

(3) 难度恰当、题量适宜

笔试测评的目的是初步筛选出能够胜任工作岗位的应聘者,因此,试题的内容能够反映工作的真实要求即可,难易程度安排合理、比例恰当,以便区分出应聘者的差异。题目要根据考试时长灵活决定,题量不宜过多,避免因时间不足导致考试结果不能客观反映应聘者的真实水平。

5.1.2 试题的类型

笔试测评的试题类型有很多种类,如选择题、判断题、填空题、简答题、小论文等,每一种题型都有它的作用和优缺点。比如,小论文类的题型以文章形式表达对某一问题的看法,可反映出知识、才能和观念等。该类题型易于编写试题,在测验应聘者书面表达能力的同时,观察应聘者的推理能力、创造力及材料概括力等。但它也存在评分缺乏客观标准、命题范围有局限等缺点。

笔试的题型应评分公正、抽样广泛、答案避免模棱两可,以测出应聘者的能力。同时,试卷应易于评阅。

本章以试题答案是否唯一将笔试题的类型分为主观题与客观题两类,分别进行介绍。

5.1.2.1 主观题

主观题的答案往往是开放性、非唯一的,给应聘者很大的自由度,能够反映出应聘者的综合能力和思维深度。题目由批阅人结合答案参考要点和自己的主观经验给分,因此会受到批阅人的个人认识、判断力的影响。主观题的优点是:试题的内容综合度高,具有一定的发散性,鼓励应聘者自由发挥,有利于考查知识运用能力和深层次的认识思维能力;主观试题命题量少,题干比较简单。主观题也存在缺点:首先,测试内容的范围有局限性,分数比重大,一道题目的得失对结果的影响偏大;其次,主观题没有统一的答案,容易受到批阅人因素的影响;不能用现代化的手段阅卷，主要靠人工处理，效率比较低。

常见的主观题有简答题、论述题、作文题等，下面简单介绍一下简答题和论述题：

（1）简答题

简答题是主观型题目，针对某一明确的知识点发问，题目的答案也比较明确。简答题能够考查应聘者对知识点的理解，题目容易编制，答案不易猜测，也比较易于批阅。

（2）论述题

论述题是非常典型的主观题目，要求应聘者对某一个现象或者问题进行深入的分析，并有说服力地阐明自己的观点。论述题不要求统一的答案，有一定的灵活性，鼓励应聘者自由发挥。这种考试方式能够测评出应聘者组织材料、综合分析和文字表达的能力，一定程度上还能反映出创造力。但由于没有统一的答案，评分上会受到一些主观因素的影响。

5.1.2.2 客观题

客观题的答案是唯一的、封闭的。试题就某一个知识点要求应聘者做出明确的回答，试卷给出固定答案，或是让应聘者补充完整，回答有偏差就不能得分。客观性的试题有明确的参考答案，不需要阅卷人主观判断，批阅简单方便，效率大大提高。现在很多大型考试均利用计算机批阅客观题，大幅节省批阅时间。客观题的优点在于：题目的分值小，适宜大量出题，考点覆盖面广；依据唯一答案评分，评判科学、客观；方便采用计算机等现代化批阅工具，效率大大提高。

客观题也有它的缺点：首先，编写试卷的难度大，如单项选择题，每个题目需要给出三个左右干扰项，比较有难度；其次，不利于测试人的综合分析、运用能力和文字表达能力；最后，存在一定的漏洞，考生可以猜答案，降低考试的信度。常见的客观题有填空题、选择题、判断题等。下面简要介绍选择题和填空题。

(1) 选择题

选择题由两部分构成：题干和选项。题干是问题的陈述部分，选项包括正确答案和干扰信息。选择题分为单选题和多选题，单选题选项一般为4个，多选题的选项一般为4~6个。相对来说，多选题的难度大一些。选择题的答案固定，批阅和统计都比较容易，因此被广泛使用。

(2) 填空题

填空题由未完成的陈述句构成，要求考生填写其中空出的关键词。填空题旨在考查应聘者对知识的认知和记忆，而不是理解和应用。需要注意的是，填空题的空白部分应该是知识核心词汇，不存在异议，且空白不能太多，便于考生理解题旨。同时，答案必须是唯一的，以使用统一的评分标准。

5.2 笔试常见内容

在企业招聘过程中，为了衡量应聘者对相应职位所要求知识和能力水平的高低，对所有应聘者笔试测评，进行初步筛选。

人有专才和通才之分。所谓专才一般掌握一两门专业的知识和技能；通才一般掌握邻近学科知识、哲学、自然科学、社会科学等的一般知识，特别是现代科学技术的一般知识。通才型人才既有精深的专业知识，又有宽广的知识面，基础扎实。

因此，笔试的测试内容主要分为以下几个方面：基础知识测评、专业知识测评和其他方面测评。

5.2.1 基础知识测评

根据岗位需要，基础知识测评测试人才应具备的文化程度、智商水平，以及岗位要求的自然科学和社会科学等常识，题目主要包括两方面：

智商测试与常识测试。

智商测试可以最快的速度了解应聘者的智力水平，反映一个人思考问题以及解决问题的能力，可选用国际通用智力测试题，也可由企业自建智力测试题库用于招聘笔试环节。常用的智力量表有比奈－西蒙智力量表、韦氏智力量表（见表5－1）、斯坦福－比奈智力量表等。韦氏量表目前影响最大、应用最为广泛。

表5－1 韦氏智力量表

言语量	1. 常识（information）
	2. 类同（similarities）
	3. 词汇（vocabulary）
	4. 算术（arithmetic）
	5. 理解（comprehension）
	6. 数字广度（digit span）
操作量	7. 图画填充（picture completion）
	8. 图片排列（picture arrangement）
	9. 区块设计（block design）
	10. 图形拼凑（object assembly）
	11. 数字符号（digit symbol）
	12. 迷津（maze）

而另一部分就是对应聘者的常识测试，常识测试可以掌握各应聘者对基本常识、相关知识的了解程度或知识面的宽度。例如，公务员考试通常包括人际沟通协调技巧、办公自动化、法律知识、行政管理、宏观经济、公文写作、时间管理知识等；外交人员的考试可能涉及对当前国内、国际重大事件的看法，各地的文化、民俗等内容；公共关系人员的考试可能涉及心理学、公关礼仪、人文知识等。此外，招聘组织的基本情况也越来越多地出现在知识测验的内容中，用以了解应聘者对组织的了解和认同情况。

5.2.2 专业知识测评

专业知识指的是具备履行岗位职责或从事专业技术工作所需要的相应专业学科的理论知识。专业知识是以软科学为主的。传统的能够精确定量又有严格因果关系的学科被称为硬科学，如工程技术、数学、物理、化学；而软科学则是不能精确定量又没有严格因果关系的、不能用传统的数学方法和逻辑方法来处理的科学，如管理科学、心理科学、领导科学、社会科学等。领导的非程序化决策需要的正是这些科学，例如招聘营销经理，专业知识测验内容包括市场营销、会计、广告、公关策划、消费心理学等，可根据相应的招聘岗位灵活调整。

5.2.3 其他方面测评

5.2.3.1 外语能力

外语测试的目的是了解应聘者对某一门外语的掌握程度。随着我国对外交流的增多，不仅是外企，一些政府部门和国营、民营企业，为了拓展业务或是学习国外的先进技术、管理经验等，也经常出国参观、考察、实习，无论是企事业单位还是其他组织，对应聘者外语水平的要求越来越高。

外语测试的形式通常可以分成笔试和口试两类。企业员工招聘中的外语能力测试与大学生外语等级考试相比，前者更注重实际应用，而后者则强调基础知识。人员招聘中的外语测试范围相对较小、题型相对较少，与应聘者将从事的工作联系较为密切，甚至可能直接要求处理来自工作实践的问题。从形式上来讲，外语笔试大都类似于水平考试，考试题目一般包括选择、完形填空、阅读理解、翻译（英译中、中译英）、写作等。不同于一般水平考试的是，企业员工招聘的外语能力测试，专业性较强，专业词汇较多。外语笔试中的中译英或写作十分重要，这类题目往往用来测试应聘者的英文写作能力，要求应聘者正确、熟练、快速地写作。

5.2.3.2 心理状况

心理是指生物对客观物质世界的主观反映。人们在活动的时候通过各种感官认识外部世界，通过大脑思考事物的因果关系，并伴随喜、怒、哀、惧等情感体验，这个折射着一系列心理现象的过程就是心理过程。按其性质可分为三个方面，即认知过程、情感过程和意志过程。现代社会生活工作节奏越来越快，压力也随之而来，企业在招聘过程中应该了解应聘者的心理状况及心理承受力，在工作中更应科学调节员工的工作方式。

对于心理状况的测试即心理测验，其根据心理学原理设计程序，对心理因素进行测量，一般测量比较有代表性的问题或可观测的行为。人的心理就像一个暗箱，无法直接观察和测量，心理测验只能测量人的外显行为，即通过测量个体对测验题目的反应，从而推论其心理特征。在对人的行为进行比较时，没有一个绝对的零点，即没有绝对的标准，有的只是一个连续尺度上的序列。测量就是看一个人处在这个行为序列上的什么位置，由此给予定量和定性的评价，这都是相比较而言的，即以所在团体的大多数人的行为为标准，或以某种人为确定的标准为标准。心理测验的客观性即测验的标准化问题，测验的标准通过对总体的代表性样本的测量结果确定。测验的信度和效度在一定程度上经过了实践的检验，依据这些资料所得出的推论比较可靠和客观。

在企业招聘过程中，心理测验是非常必要且有意义的：

（1）提高组织人才甄选的效度

心理测验可以有效地避免主观性问题，可以相对全面、客观地反映应聘者的心理特征状况，并有一定的预测作用。

（2）降低招聘成本，起到劣汰作用

利用心理测验提高应聘者筛选的准确性，结合招聘要求把不适合的应聘者辨别出来，使之不进入下一步的甄选，为组织节省成本。

（3）提高招聘效率，实现批量测评

一般的招聘，经常会收到大量的简历，初步甄选虽然能过滤掉一些，但有时剩余的应聘者依然很多。目前已经可以借助计算机等现代化工具来实施心理测验，因此可以安排大量应聘者同时参加测试，有效节省甄选时间。

5.2.3.3 人格特质

人格也称个性，是指一个人区别于他人的、在不同环境中一贯表现出来的、相对稳定的影响人的行为模式的心理特征的总和，包括需要、动机、能力、气质、性格等。人格是人类独有的，由先天获得的遗传素质与后天环境相互作用而形成的代表了人类本质及个性特点的性格、气质、品德、品质、信仰、良心以及由此形成的尊严、魅力等。

人格测验的方法有很多种，最常用的方法为问卷法和投射技术。问卷法由许多涉及个人心理特征的问题组成，可进一步分出多个维度或分量表，反映不同人格特征。常用人格问卷有艾森克人格问卷（EPQ）、明尼苏达多项人格测验（MMPI）和卡特尔16种因素人格测验（16PF）。投射技术包括多种具体方法，如罗夏克墨迹测验、逆境对话测验、语句完成测验等。

5.2.3.3.1 问卷法

问卷法又称自陈量表法，对拟测量的个性特征编制多个陈述句测试题，通过分析应聘者的答案来衡量、评价其某项人格特质。问卷法不仅可以测量态度倾向、职业兴趣、同情心等外显行为，还可以测量个体对于环境的感受，如压抑、内心冲突、工作动机等。这一方法具有多维度测量、形式简单、人群不受限等特征。其优点在于可操作性强、测试标准化、简单易行、客观全面、应用广泛。同时也存在一些不足之处，如稳定性差，个人的行为会随时间的推移而有所改变；真假性难以判断，被试者若弄虚作假，结果会偏离真实情况，或是涉及一些社会价值和社会道德的问题时，应聘者往往会倾向选择大众所期望的答案，或者选择比自己预期更好的答案；文化差异性高，文化背景不同影响回答问题的倾向，如受中庸思想的影响，中国人在选择中一般倾向于折中答案。

5.2.3.3.2 投射技术

通过各种非结构化的、间接的询问方式，激励被访者投射出他们潜藏的动机、信仰、态度或情感，以此了解他们对某一事端的心理状态，这类调查方法统称投射技术。这类测验方法通常会在招聘过程的第二轮面试中使用。

阅读材料 5-1

以下对常用的人格测验量表及其应用做一个简要介绍：

一、卡特尔 16 种因素人格测验（16PF）

16 种人格因素问卷是美国伊利诺伊州立大学人格及能力测验研究所卡特尔教授编制的用于人格检测的问卷，简称 16PF，见表 5-2。

表 5-2　16PF 的因素及高低分特征

因素	特质名称	低分者特征	高分者特征
A	乐群性	缄默、孤独、冷漠	外向、热情、乐群
B	聪慧性	思维迟钝、学识浅薄、抽象思考能力弱	富有才识、善于抽象思考、学习能力强、思维敏捷
C	稳定性	情绪易激动、易生烦恼、心神动摇不定、易受环境支配	情绪稳定而成熟、能面对现实
E	恃强性	谦逊、顺从、通融、恭顺	好强固执、独立积极
F	兴奋性	严肃、审慎、冷静、寡言	轻松兴奋、随遇而安
G	有恒性	苟且敷衍、缺乏奉公守法的精神	有恒负责、做事尽职
H	敢为性	畏怯退缩、缺乏自信心	冒险敢为、少有顾忌
I	敏感性	理智、注重现实	敏感、感情用事
L	怀疑性	依赖、随和、易与人相处	怀疑、刚愎自用、固执己见
M	幻想性	现实、合乎成规、力求妥善合理	爱幻想、狂放不羁
N	世故性	坦白、直率、天真	精明能干、世故
O	忧虑性	安详、沉着、有自信心	忧虑抑郁、烦恼自扰

续表

因素	特质名称	低分者特征	高分者特征
Q1	实验性	保守、尊重传统观念与行为标准	自由、批评激进、不拘泥于现实
Q2	独立性	依赖、随群附众	自立自强、当机立断
Q3	自律性	矛盾冲突、不顾大体	知己知彼、自律严谨
Q4	紧张性	心平气和、闲散宁静	紧张困扰、激动挣扎

通过16个人格因素或分量表上的得分和轮廓图，不仅可以反映受测者人格的16个方面中每一方面的情况和其整体的人格特点组合情况，还可以通过某些因素的组合效应反映其性格的内外向型、心理健康状况、人际关系情况、职业性向以及在新工作环境中有无学习成长能力，从事专业能有成就者的人格因素符合情况，创造能力强者的人格因素符合情况等。

计分环节中，除聪慧性（B）量表的测题外，其他各分量表的测题无对错之分，每一测题各有a、b、c三个答案，可按0、1、2三等记分，B量表的测题有正确答案，采用二级记分，答对给1分，答错给0分。使用计分模板得出各因素的原始分，再将原始分按常模表换算成标准分。

在16个人格因素的基础上，卡特尔进行了二阶因素分析，得到4个二阶公共因素。这4个二阶公共因素即综合相应一阶因素信息的次元人格因素，其计算公式和解释如下：

$$适应与焦虑性 = (38 + 2L + 3O + 4Q4 - 2C - 2H - 2Q3) \div 10$$

式中字母分别代表相应量表的标准分（以下同）。由公式求得的最后分数即代表适应与焦虑性之强弱。低分者生活适应顺利，通常感觉心满意足；极端低分者可能缺乏毅力，事事知难而退，不肯做出艰苦奋斗与努力；高分者不一定有神经症，但通常易激动、焦虑，对自己的境遇常常感到不满意，高度的焦虑不但会减低工作的效率，而且影响身体的健康。

$$内外向性 = (2A + 3E + 4F + 5H - 2Q2 - 11) \div 10$$

运算结果即代表内外向性。低分者内向，通常羞怯而审慎，与人相处多拘谨不自然；高分者外倾，通常善于交际，开朗，不拘小节。

$$感情用事与安详机警性 = (77 + 2C + 2E + 2F + 2N - 4A - 6I - 2M) \div 10$$

所得分数代表安详机警性。低分者感情丰富，情绪多困扰不安，常感觉挫折气馁，遇问题需经反复考虑才能决定，平时较为含蓄敏感，讲究生活艺术；高分者安详警觉，果断刚毅，富进取精神，但常常过分现实，忽视生活的情趣，遇到困难有时会不经考虑，不计后果，贸然行事。

$$怯懦与果敢性 = (4E + 3M + 4Q1 + 4Q2 - 3A - 2G) \div 10$$

低分者常人云亦云，优柔寡断，受人驱使而不能独立，依赖性强，因而事事迁就，以获取别人的欢心；高分者独立、果敢、锋芒毕露，有气魄，常常主动寻找可以施展所长的环境或机会。

此外，比较常用的公式及其解释还有以下几种：

$$心理健康者的人格因素 = C + F + (11 - O) + (11 - Q4)$$

式中字母为各量表的标准分（以下同）。公式运算结果代表了人格层次的心理健康水平。通常在 0～40 分之间，均值为 22 分，不及 12 分者情绪很不稳定，一般仅占 10%。

$$专业而有成就者的人格因素 = 2Q3 + 2G + 2C + E + N + Q2 + Q1$$

通常总和分数介于 10～100 分之间，平均为 55 分，60 分约等于标准分 7，63 分以上约等于标准分 8、9、10，总和 67 分以上者一般应有所成就。

$$创造力强者的人格因素 = 2(11 - A) + 2B + E + 2(11 - F) + H + 2I + M + (11 - N) + Q1 + 2Q2$$

由此式得到的总分可换算成相应的标准分，标准分越高，其创造力越强。

$$在新环境中有成长能力的人格因素 = B + G + Q3 + (11 - F)$$

在新环境中有成长能力的人格因素总分介于 4～40 分间，均值为 22

分。17分以下者（约占10%）不太适应新环境，27分以上者有成功的希望。

二、艾森克人格问卷（EPQ）

艾森克人格问卷（EPQ）是由英国心理学家艾森克编制的一种自陈量表，有成人问卷和儿童问卷两种格式，包括四个分量表：内外倾向量表（E）、情绪性量表（N）、心理变态量表（P，又称精神质）和效度量表（L）。各分量表具体解释如表5-3所示：

表5-3　EPQ分量表

内外倾向（E）	分数高表示性格外向，可能好交际、渴望刺激和冒险，易于冲动。分数低表示性格内向，可能好静，善于内省，除了亲密的朋友之外，对一般人缄默冷淡，不喜欢刺激，喜欢有秩序的生活方式，情绪比较稳定
情绪（N）	反映的是正常行为，与病症无关。分数高可能焦虑、担心、常常郁郁不乐、忧心忡忡，有强烈的情绪反应，以至于出现不够理智的行为
心理变态（P）	又称精神质，并非暗指精神病，它在所有人身上都存在，只是程度不同。但如果某人表现明显，则容易发展成行为异常。分数高可能孤独、不关心他人，难以适应外部环境，不近人情，感觉迟钝，与别人不友好，喜欢寻衅搅扰，喜欢干奇特的事情，并且不顾危险
效度（L）	测定被试的掩饰、假托或自身隐蔽程度，即测定其"掩饰"倾向或幼稚水平。L与其他量表的功能有联系，但它本身代表一种稳定的人格功能

根据量表问卷答案可以统计出被试者的粗略得分，初步计分规则如下：

表5-4中（+）为正向计分，即答"是"加一分，答"否"不加分；（-）为反向计分，即答"是"不加分，答"否"加一分。

表 5-4 EPQ 计分规则

	（+）	（-）
E 量表 （21 道题）	1 5 10 13 14 17 25 33 37 41 49 53 55 61 65 71 80 84	21 29 45
P 量表 （23 道题）	2 6 9 11 18 22 38 42 56 62 72 88	26 30 34 46 50 66 68 75 76 81 85
N 量表 （24 道题）	3 7 12 15 19 23 27 31 35 39 43 47 51 57 59 63 67 69 73 74 77 78 82 86	无
L 量表 （20 道题）	20 32 36 58 87	4 8 16 24 28 40 44 48 52 54 60 64 70 79 83

根据受试者在各量表上获得的总分（粗分），据常模换算出标准分 T 分 $[T=50+10\times(X-M)/SD]$，便可分析受试者的个性特点。各量表 T 分在 43.3~56.7 分（含 43.3 分和 56.7 分）为中间型，T 分在 38.5~43.3 分或 56.7~61.5 分为倾向型，T 分在 38.5 分以下或 61.5 分以上为典型。

三、迈尔斯布里格斯性格测验（MBTI）

MBTI 性格指标以瑞士心理学家荣格划分的八种类型为基础加以扩展，形成四个维度，四个维度如同四把标尺，每个人的性格都会落在标尺的某个点上，这个点靠近哪一端点，就意味着个体有哪方面的偏好。如在第一维度上，个体的性格靠近外倾这一端，就偏外倾，而且越接近端点偏好越强。每种性格偏好尺度都有对应的两个极，共能构成 16 种性格类型，它是一种典型的人格类型理论。

四个维度中八个极的组合方式有 16 种，这就形成了 16 种不同的人格类型，其整体的意义大于部分之和。例如：ENFJ，表示该人格类型是外倾、直觉、情感、判断四极的综合，但它所包含的意义不止这四极的叠加,更应被看作一个整体,只有这样才能提供完整、丰富的人格信息。MBTI 的应用非常广泛,很多组织利用它进行招聘选拔、人岗匹配、组织诊断、改善团队沟通及人际关系;职业人士利用它进行职业定位、职业生涯规划等。

表 5-5　MBTI 类型指标介绍

维度	类型	英文	类型	英文
注意力方向 (精力来源)	外倾(外向)	E (extrovert)	内倾(内向)	I (introvert)
认知方式 (如何搜集信息)	实感(感觉)	S (sensing)	直觉(直觉)	N (intuition)
判断方式 (如何做决定)	思维(理性)	T (thinking)	情感(感性)	F (feeling)
生活方式 (如何应对外部世界)	判断(主观)	J (judgment)	知觉(客观)	P (perceiving)

5.3　实施方法与技巧

5.3.1　实施过程

在企业员工招聘的过程中,笔试测评一般包括以下几个步骤:

(1) 成立笔试测评考务组

笔试测评过程中大部分的工作是要进行提前准备的,通过成立考务小组可以有效推进整个过程的实施,具体包括计划的制订、试题的编写、考务的组织等。

(2) 制订笔试测评的实施计划

为了使笔试测评有序进行,需要制订周密详细的实施计划。计划的主要内容包括:知识测验的目的和试题确定;笔试测评的组织与安排,包括知识负责机构或负责人、笔试测评的规模大小、实施的时间和地点的安排、监考人员和阅卷人员的安排等;笔试测评的效果预测以及预算等。

(3) 组织人员编写笔试测评试题

试卷的设计直接影响知识考试的质量,因此主试一定要充分重视知识考试的试卷设计。设计试卷时,我们要注意遵循以下一些原则:一是自始至终符合目标。每一张试卷从头到尾都要符合目标,不要远离目标,这样才能得到应有的效果。二是题型比例合理分布。基础知识与专业知识相结合,适当增加外语、心理、人格等方面的试题;合理设计试题,在最短时间内全面了解每一个应聘者各方面的水平。三是充分重视知识的实际运用能力。企业员工招聘中的笔试和学校中的笔试有所不同,不过分强调背诵记忆,而主要考查知识的运用能力,设计试卷可以多使用案例及讨论等形式。

企业中有些岗位招聘的数量大、周期长、重复性强,对此可考虑建立题库系统,避免经常进行题目的编制,同时周期性地更新试题,不断充实题库,完善知识测验体系,为未来的员工培训提供素材。在试题编制完成之后,可以选择部分相关人员进行试测,在此基础上审核、修订试题,以确保试题的信度和效度。

(4) 正式笔试与评阅

确定好人数,根据人数确定笔试场地,每个考场至少应配置两名以上的专业人员进行监考。监考人员应当有相当的监考经验,遇到特殊情况,能够进行适当的处理。监考人员应严格执行考场纪律,如果出现违反纪律者,严肃处理,使考试顺利进行,并体现公平原则。

笔试结束后应及时回收试卷,妥善保管,安排阅卷人员进行评分,并安排工作人员审核分数,最终形成笔试测评成绩报告。

5.3.2 相关技巧

（1）不同考务小组中要加入招聘岗位的直接领导

员工招聘到企业后要分配到各自不同的岗位上，因此最了解应聘者适不适合的就是这个岗位的直接领导。考务组中不仅需要专业的人力资源管理人员，也要有熟悉相应岗位的领导，以使招聘测评更加科学有效。

（2）命题是笔试的首要问题

无论招聘管理人员和科技人员，还是招收工人和普通职员，笔试命题必须既能考核应聘者的文化程度，又能体现空缺职位的工作特点和特殊要求。命题过难或过易都不利于择优。有条件的企业应该建立自己的题库，每一次考试抽出有关试题进行组合即可，保证试题的科学性。但是入库的试题一定要经过科学的测定，另外也可以请有关专家出题。

（3）拟订标准答案，确定评阅计分准则

各个试题的分值应与其考核内容的重要性及考题难度成正比，若分值分配不合理，总分数就不能有效反映受测者的真实水平。

（4）阅卷及成绩复核

此环节关键要客观、公正，不徇私情。比如应防止阅卷人看到答卷人姓名，阅卷人可共同探讨打分的宽严尺度，严格进行成绩复核，并处罚徇私舞弊者。

阅读材料 5-2

下面是内曼和科尔施特设计的性格倾向性测量表，一共50个题目，25个属于外向，25个属于内向。其中，代表性格倾向性的指数是被试者的性格更倾向于外向或内向的一个数值，计算及分数解释如下：

外向性反映总数为第2、4、7、9、11、14、16、18、19、20、21、23、24、27、29、30、32、34、36、39、40、42、45、47、49、50 回答"是"及第1、3、5、6、8、10、12、13、15、17、22、25、26、28、31、

33、35、37、38、41、43、44、46、48 回答"否"的总数。

$$向性指数 = (外向性反映总数 + 没有回答的题目的总数/2) \div 25 \times 100$$

一般来说，向性指数为 70 以上者为外向性格，分值越大越外向；向性指数在前 70 以下为内向，分值越小越典型。

请回答下列问题，如果提问的内容符合自己的情况，就答"是"；如果不符合就答"否"；如果你不能确定，可以不回答。回答问题时不要想怎样回答好或怎样回答不好，你实际上怎样就怎样回答。

1. 能独断独行。
2. 快乐的人生观。
3. 喜欢安闲。
4. 对人十分信任。
5. 筹划五年以后的事。
6. 遇集体活动愿在家不愿参加。
7. 能在大庭广众中工作。
8. 常做同样的工作。
9. 觉得集会乐趣与个别交际无异。
10. 三思而后决定。
11. 不愿别人提示，而愿自出主意。
12. 喜欢热闹的娱乐活动。
13. 工作时不愿人在旁边观看。
14. 厌弃呆板的职业。
15. 宁愿节省而不愿耗费。
16. 不常分析自己的思想动机。
17. 好作冥思苦想。
18. 做自己擅长的工作愿意人在旁观看。
19. 发怒时不加抑制。

20. 工作因他人赞赏而改善。

21. 喜欢兴奋紧张的劳动。

22. 常回想自己的过去。

23. 愿做群众运动的领袖。

24. 公开演说。

25. 使梦想成为现实。

26. 很讲究写应酬信。

27. 做事粗糙。

28. 深思熟虑。

29. 能将强烈的情绪（喜、怒、悲）表现出来。

30. 不拘小节。

31. 对人十分关心。

32. 与观点不同的人自由联络。

33. 喜欢猜疑。

34. 轻信人言，不假思索。

35. 愿意读书，不愿做实际工作。

36. 好读书不求甚解。

37. 常写日记。

38. 在公共场合中肃静无声。

39. 不得已而动作。

40. 不愿回想自己的过往。

41. 工作有计划。

42. 常变换工作。

43. 对麻烦事情愿避免而不愿承担。

44. 重视谣言。

45. 信任别人。

46. 非极熟悉的人不轻易信任。

47. 愿研究别人而不研究自己。

48. 放假期间愿找安静的地方休假而不喜热闹场所。

49. 意见常变化而不固定。

50. 愿参加任何场合演说。

典型外向者的一般表现：善交际，喜欢聚会，有许多朋友，喜欢交谈而不愿独自读书。易激动，行动常碰运气，凭一时冲动而不假思索，易惹麻烦。粗心大意，随便而乐哈哈。爱开玩笑，什么场合都有话可说，对一切问题都有现成答案。喜欢变化，闲不住，爱活动，常不停地做些事。富有冲动性，有攻击倾向，爱发脾气也容易忘掉。总之，这种人情感不易控制，表现得不像一个可靠的人。

典型内向者的一般表现：安静，退居，自省，喜欢读书而不喜欢与人交往。除密友外，与他人保持距离，朋友甚少。做事考虑在前，有周密的计划，常深思熟虑，极少冒失妄动。不爱激动，以适宜的谨慎、严肃的态度处理日常生活与事物，喜欢整齐有序的生活方式。能控制自己的情感，很少以攻击性方式行事，极少发脾气。他是一个可靠的人，虽有点悲观色彩，但十分尊重伦理标准价值。

思考题

1. 简述笔试试题的编写要求。
2. 简述笔试测评的试题类型。
3. 笔试测评的常见内容都有哪些？
4. 笔试测评的步骤是什么？具体的实施过程是怎样的？

6 面试测评

学习目标

1. 了解什么是面试
2. 掌握面试的意义和特点
3. 了解面试前应该做哪些准备工作
4. 了解面试的适用范围
5. 掌握面试的常用方法

名言指路

德薄而位尊,知小而谋大,力少而任重,鲜不及矣。

——《周易·系辞·下》

古之立大事者,不惟有超世之才,亦必有坚忍不拔之志。

——宋·苏轼

6.1 面试的概念

在激烈的市场竞争中,我们经常听到关于如何控制损失、提高效能、降低成本、实现利润最大化的建议,但是很多企业在人员招聘上投入的精力明显不足,尤其是对面试工作不够重视。而如果没有做好面试工作,所招员工不能胜任，将给组织带来损失。"如何招聘到合适的员工"越来越受到管理者的重视，做好面试工作正是提高组织人力资源管理效能的一个重要举措。

面试是人力资源招聘中常用且重要的一个环节，是人力资源获取程序中基本的一环，可深入了解求职者与未来工作岗位之间的匹配度。在精心设计的特定场景下，面试官和应聘者双向互动，用人单位可以较为直观和深入地了解应聘者素质、能力与岗位的匹配程度。有效的面试可以使应聘者充分展示其潜能，为人员招聘提供重要依据。

根据场景的不同，面试可以分为广义的和狭义的。狭义的面试指的是面试官和应聘者直接面对面以问答形式为主的面试。整个过程，面试官处于主导地位，应聘者处于被动地位。广义的面试是指，基于情景模拟测验的评估形式，包括小组讨论、管理游戏、角色扮演等评价中心技术。在整个过程中，面试官处于观察的角度，应聘者处于主动展示的角度。这种形式的面试情景性高，模拟性强，考查的内容更加全面有效。

阅读材料 6-1

某市财政局一名副局长外调，组织部决定在财政局优秀中层干部中选拔一名副局长。这本来是一件好事，但张局长却犯了难。局里有两个很合适的人选，一个是局办主任牛浩，另一个是管理科科长杨凯。两人都是科班出身，也都是局里的骨干，从能力和水平上看，都能胜任副局长一职。问题是只有一个名额，提拔了这个，另一个会有意见，弄不好会有很多后遗症。

张局长苦思许久，终于想到一个良策：对牛浩和杨凯来一次特殊的面试。

张局长首先找来牛浩，对他说："前两天，市里接到我局一名职工举报，说我局有人上班时间上网聊天，还有人迟到早退。"

牛浩听完，点了一下头，用既愤恨又不屑的语气说："我就知道是他。"

"谁举报的?"张局长一副很关切的神态。

"他表面上装得很积极,也很服从领导,但私下里尽搞小动作。"牛浩并未立即说出具体的人。

张局长却没有再追问下去,显出一副若有所思的样子。牛浩却急了,生怕张局长不明白自己的暗示,就主动说出杨凯的名字。

"好了,这事到此为止。"张局长示意牛浩可以走了。

随后,张局长又找来了杨凯。

"前两天,市里接到我局一名职工举报,说我局有人上班时间上网聊天,还有人迟到早退。"张局长对杨凯说。

"张局长,恕我直言,上班时间我们单位确实有上网聊天的情况,迟到早退现象偶尔也有发生。依我看,谁举报的并不重要,关键是要引起重视。"杨凯直话直说。

之后,针对推荐谁作为副局长第一人选的问题,党组成员分别发表了意见,张局长最后发言:"你们的意见都有道理,我也赞成。我们推荐的副局长人选,不仅业务上要熟悉,更重要的是要忠诚、干净、有担当,干部提拔要严把德才标准。德才兼备,方堪重任。我的意见是推荐杨凯同志作为副局长的第一人选。"

事实上,根本没有"举报"这回事。

6.1.1 面试的概念

所谓面试,是指在特定场景下,面试官有目的地与应聘者进行面对面的观察、交流、互动的测评方式。面试官通过双向沟通来了解面试对象的素质状况、能力特征以及应聘动机。面试不仅可以考察应聘者的学识水平,还能考察其能力、才智及个体心理特性等诸多素质。

一般可以从以下几个方面来理解面试:首先,面试是面试官与应聘者之间进行的有目的、面对面、双向互动式的信息交流过程。其次,面试是在特定情境条件下,经过精心设计,以面谈和观察为主要手段,对应聘者的相关素质进行测评的过程。再次，面试时，面试官亲自评价应聘者，并可以笔试不能实现的方式提问。最后，面试时，面试官有机会通过应聘者的面部表情、仪表、紧张程度等，对应聘者的情商和智力做出判断。

6.1.2 面试的特点

6.1.2.1 面试的优点

相对于其他甄选的方式而言，面试具有以下优点：

（1）灵活性

面试可以收集应聘者多方面的有效信息，面试官可以根据不同岗位的要求，向应聘者提出各种各样的问题，或在某一个方面连续提出问题，以全面深入地了解应聘者。

（2）双向性

面试时，面试官可向应聘者提问，应聘者也可以向面试官提问，在面试官了解应聘者的同时，应聘者也在了解招聘组织和岗位要求。这一过程有利于提高招聘匹配性，面试的过程也是一个双向选择的过程。

（3）直观性

面试比笔试更加直观，面对面的接触和交流可以使面试官直接了解应聘者的仪表、个性、爱好、特长、应聘动机、应聘期望等，从而做出综合判断。

（4）全面性

面试可以多渠道地获得应聘者的有关信息，面试官不但可以通过提问获取信息，还能直接通过观察等多种方式掌握应聘者各方面的情况。

6.1.2.2 面试的缺点

面试也存在着不足之处：

（1）量化难

不同于考试，面试主要根据应聘者对相关问题的回答来对其工作知识与技能、工作经验、个性、职业道德等进行评价。虽然可以利用面试评价表对主要考核要素进行打分，但一般没有精确的量化评分标准，只能根据感觉主观评价，面试评价难免会受面试官主观因素的影响。

（2）时间长

如果面试的时间太短，很难全面了解应聘者的情况，每位应聘者的面试一般至少要半个小时，如果是大规模的招聘，花费时间太长。而且长时间的面试容易使人疲劳，难以用同一标准衡量所有应聘者。

（3）费用高

面试过程中的相关费用包括工资、人力资源部门的管理费用、差旅费与招待费等。如果进行初试、复试等，费用将会更高。

6.1.3 面试的内容与适用范围

面试是一种常用的人员甄选方法，适用于所有的招聘岗位。但面试不可能考查应聘者所有的能力和素质，一般要与其他甄选方式组合运用。

面试一般主要包括以下内容：

（1）仪表风度

这方面包括应聘者的体型、外貌、气色、衣着举止、精神状态等。企业经理人员、销售人员、客户服务人员、公关人员等职位对仪表风度的要求较高。有研究表明，仪表端庄、衣着整洁、举止文明的人，一般做事有规律、注意自我约束、责任心强。

（2）专业知识

面试要了解应聘者掌握专业知识的深度和广度，其知识更新能力是否符合职位要求。作为对专业知识笔试的补充，面试对专业知识的考查应更具灵活性和深度。面试时，人员筛选范围变小，提问可以更具有针对性，问题可更接近相关岗位的需求。

（3）工作实践经验

一般根据应聘者的个人简历或求职登记表进行相关的提问，考查应试者有关背景及工作情况,以了解其实践经验,以此还可以考查应试者的责任感、主动性、思维能力、口头表达能力及处理问题的能力等。

(4) 综合分析能力

面试中,可以观察应聘者对面试官提出的问题,能否通过分析抓住本质,并且说理透彻、分析全面、条理清晰。

(5) 口头表达能力

面试中,可以观察应聘者是否能够将自己的思想、观点、意见或建议顺畅地用语言表达出来。具体内容包括表达的逻辑性、准确性、感染力、音质、音色、音量、音调等。

(6) 反应能力与应变能力

面试时,要看应聘者对主面试官所提问题的理解是否准确,回答是否迅速、准确等,对于突发问题的反应是否机智、敏捷、恰当,对突发情况的处理是否妥当,等等。

(7) 人际交往能力

面试中,通过询问应聘者参与哪些社团活动、喜欢同哪种类型的人打交道、在各种社交场合所扮演的角色,可以了解应聘者的人际交往倾向和与人相处的技能。

(8) 自我控制能力与情绪稳定性

自我控制能力对于管理人员、销售人员、客户服务人员等尤为重要。在遇到上级或客户批评指责、工作有压力或是个人利益受到冲击时,要能够克制、容忍,理智地对待,不致因情绪波动而影响工作。另外,对工作也要有耐心和韧劲。

(9) 上进心和进取心

富有上进心、进取心的人,往往都有事业奋斗目标,并积极争取早日实现目标。表现在工作中就是不安于现状,工作上常有创新。面试中,可以通过应聘者的问题回答情况,以及对以往工作经历的描述进行判断。

(10) 工作态度

一是了解应聘者对过去学习、工作的态度；二是了解其对应聘职位的态度。过去在学习或工作中态度不认真，做什么、做好做坏都无所谓的人，在新的工作岗位也很难做到勤勤恳恳、认真负责。

(11) 求职动机

通过了解应聘者为何希望来本单位工作，对哪类工作最感兴趣，在工作中追求什么，可判断本单位所提供的职位或工作条件等能否满足其工作要求和期望。

(12) 业余兴趣与爱好

通过了解应聘者休闲时从事哪些运动、阅读哪些书籍、有什么样的嗜好等，可以更加全面评价应聘者，对之后的工作安排以及员工潜能的开发均有益处。

6.2 面试的准备工作

在面试的准备阶段，首先要确定面试的形式，一般依据招聘需求确定面试形式，从结构化程度、形式、目的、费用、效率等角度出发，确定具体的形式。

其次要对面试的内容进行评估，准备面试提纲及打分评价表。面试提纲针对岗位要求对应试者提出一系列问题，分为一般性提纲和个性化提纲。

一般性提纲根据岗位制定通用的面试问题，同一类岗位可以使用同样的面试提纲。一般性提纲主要有三个方面：第一，收集应聘者的基本信息；第二，考察应聘者的个人意愿及价值观念是否与公司及应聘岗位要求相符；第三，考察应聘者的能力是否与岗位要求相符。个性化提纲在一般性提纲的基础上，针对被面试者的情况而制定个性化的问题。比如，应聘者简历有断档期，面试官要询问其原因；应聘者简历中工作信息不清晰，面试官要追问细节。打分评价表可以参考表6-1。

表6-1 面试评价表——行为描述式

评价指标	观察要点	权重	评价等级					评分
			优秀	良好	中等	较差	很差	
举止仪表	衣着打扮得体；言行举止随和，有一般的礼节；无多余的动作	5	5	4	3	2	1	
言语理解和表达能力	理解他人意思，口齿清楚，语言流畅，内容有条理、富有逻辑性；他人能理解并具有一定说服力，用词准确、恰当、有分寸	15	5	4	3	2	1	
综合分析能力	对事物既能从宏观上总体考察，又能从微观方面考虑其各个组成部分；能注意整体与部分之间的关系和各个部分间的有机协调组合	15	5	4	3	2	1	
动机匹配度	兴趣与岗位情况匹配；成就动机（认知需要、自我提高、自我实现、服务他人的需要等）与岗位情况匹配，认同组织文化	10	5	4	3	2	1	
人际协调能力	人际合作主动；理解组织中的权属关系（包括权限、服从纪律等意识）；能与他人进行有效沟通（传递信息）；处理人际关系时原则性与灵活性相结合	15	5	4	3	2	1	

续表

评价指标	观察要点	权重	评价等级					评分
			优秀	良好	中等	较差	很差	
计划、组织、协调能力	依据部门目标预见未来的要求、机会和不利因素并做出计划；看清冲突各方的关系；根据现实需要和长远效果做适当选择，及时做出决策、调配、安置	15	5	4	3	2	1	
应变能力	压力状况下思维反应敏捷，情绪稳定；考虑问题周到	10	5	4	3	2	1	
情绪稳定性	在较强刺激情境中表情和言语自然；在受到有意挑战甚至侮辱的场合，能保持冷静，可为长远或更高目标抑制当前欲望	5	5	4	3	2	1	
专业知识和技能	针对不同职务考查专业知识；考查一般性技能，包括计算机水平、英语水平	10	5	4	3	2	1	

然后要根据面试形式，准备面试的场地。一般而言，应聘者往往比较紧张，一些不善于控制情绪的人，面试表现会因此而大失水准。或许有的面试官认为，考查应聘者在面对陌生人的压力下如何做出反应，这样会有利于了解其日后的工作表现，但并不是所有的职位都要求员工面对陌生人。压力太大的面试是失真的，应聘者处于一个防御的位置，就会采取防御的行为，压力会带来隔阂，而面试应该消除隔阂。面试地点应选择安静的独立空间，双方就座的位置、角度、距离应合适。

主要问题提问完毕后，面试就进入了结束阶段，这时可以让应聘者提出一些自己感兴趣的问题由面试官解答。应以自然的方式结束面试，不能让应聘者感到突然，比如，"您有什么问题需要了解吗？""我们会在××天内给您回复""感谢您来参加面试，再见！"结束阶段一般为5~10分钟。

应聘者离开后，应当马上整理面试记录，回顾面试情景并把面试记录表填写完整。如果有多位面试官，必要的情况下可以及时进行讨论。整理好的面试记录是事后做出聘用决策的重要依据。

6.3 面试常用方法

6.3.1 结构化面试

结构化面试是指根据特定职位的胜任特征要求，遵循固定的程序，采用专门的题库、评价标准和评价方法，通过面试小组与应聘者面对面的言语交流等方式，评价应聘者是否符合招聘岗位的要求。结构化面试在工作分析的基础上精心设计与工作有关的问题和各种可能的答案，并根据被试者回答的速度和内容对其做出等级评价。作为一种比较规范的面试形式，其有效性和可靠性较高，但不能进行设定外的提问，在面试的深度上有局限性，问题均为事先准备，面试过程缺乏亲切感，不够自然，与应聘者容易产生距离感，提问也可能显得唐突。结构化面试考察的能力主要包括综合分析能力、压力应变能力、组织管理协调能力、人际交往的意识与技巧等与拟任职位的匹配性以及举止仪表和专业能力。必要时，也可根据职位要求，增加其他测评要素。

结构化面试具有较好的测评信度和效度，广泛应用于公务员招录、事业单位招聘、干部遴选面试中。应聘者了解结构化面试的特点，发现其中的答题规律，有利于在面试中脱颖而出。

6.3.1.1 综合分析能力题

这类题目通常是先描述一种现象或引用名人的一段言论，让应试者谈一下自己的看法。

例6-1：习近平总书记在考察中国政法大学时寄语广大青年："要立志做大事，不要立志做大官。"请结合报考岗位和自身实际谈谈你的认识。

这是一道考查应试者求职动机、自我认知、工作态度的试题。回答时须注意：首先，要对习近平总书记的这句话进行解读，指出习总书记这番话的意蕴何在；其次，正如题目中所要求的，一定要"结合报考岗位和自身实际"谈自己的理解；再次，一定要谈一下自己在工作中将如何做，是要做大事，还是有别的考虑。这道题在设置时明确提出要"结合报考岗位和自身实际"，应试者比较容易把握。还有一些题目的问题没有这么直白，如"在飞机上有这样一种现象：头等舱的旅客往往是在看书，公务舱的旅客大多在办公，经济舱的旅客则玩游戏和聊天的比较多。对此有人认为位置决定行动，也有人认为行动决定位置，你怎么看？"这道题表面上是谈对位置决定行动或是行动决定位置的看法，但若应试者仅仅谈自己的看法是远远不够的，其回答的思路和前一题类似，尽管题目中没有明确指出要"结合报考岗位和自身实际"，但应试者在回答时也一定要结合自己的实际，应指出自己在工作中将如何作为，也就是最后一定要回归到"自己如何做"。

6.3.1.2 压力应变能力题

这类题一般是假设工作中出现了某一疑难事件，且时间又较为紧迫，让应聘者提出解决办法。这种题不仅考量应试者的心理素质，更能体现出应试者的工作态度、责任心及思想境界等特征。

例6-2：你的同事小刘沉迷于炒股票，并一度影响了工作，领导对此极为不满。领导让你去做小刘的工作，请问你会怎么办？

领导布置比较棘手的事让自己做，这在工作中比较常见，处理不好，不仅可能影响工作进程，还会给领导留下办事不力的印象，因此务必重视。本题中，"同事"和"领导让你去做"为两个关键点。前者点明了与小刘的关系是同事、是平级，因此在做小刘的工作时一定要注意方法和语气，要站在对方的角度思考问题，不能让对方产生盛气凌人、居高临下之感。后者虽指出这是领导的意思，但在与小刘交流时最好不要直接说"是领导让我来的"，否则极易引发小刘的抵触情绪。具体要注意以下几点：一要选择合适的时机与地点，尽量不要在单位、在工作期间；二要弄清楚问题出现的原因，以便对症下药；三要设身处地为对方着想，晓以利害；四要让其感觉到你是在帮他，而不是为了完成上级交办的任务。一位应聘者做了如下回答："因为不懂炒股，我先学习一些股票知识。然后，以请教股票问题的名义请小刘吃饭。其间，从侧面询问他沉迷于股票的原因。如果是家里遇到了经济上的困难，我会劝他将情况反映给领导和同事，大家想办法帮他渡过难关；如果仅仅是一种爱好，就告诉他，如果一直沉迷于炒股，不仅严重影响工作，还可能会影响他的升迁……"

6.3.1.3 组织管理协调能力题

实际上，除了组织管理与协调能力，这类题目还考查应聘者的应变能力，以及工作的主动性等。

例6-3：某窗口单位工作人员不按顺序办理业务，私自接待领导插队，甚至宣称"排号就是针对老百姓的"，造成了一定程度的不良影响。单位领导决定以此为契机开展一次消除特权思想的整改活动，并建立监管机制。现在交由你来做此项工作，你准备从哪几个方面入手？

回答此类问题，一定要考虑全面、思路清晰，设计出一套完整且有效的方案。基本的思路是按照事前、事中、事后三个阶段进行准备，但尽量不要直白地说明事前、事中和事后分别做什么，以免让考官产生"套路感"，影响自己的分数。就本题而言，一要了解活动的规模、时间、地点、经费等事项，必要时向主管领导请示；二要将活动相关事宜通知所有参与人员，包括应邀参加的外单位人员，如果有需要应联系举办活动的场地，通过内部群等途径宣传此次活动，做好与兄弟单位、部门的协调沟通工作；三要本着便于活动开展的原则布置活动场地，举行活动时防止发生突发事件，必要时启动应急预案；四要对参加活动的人员，特别是外单位人员、为此次活动提供支持的人员表示感谢，可公布活动内容、所取得效果等；五要对自己在组织活动中所取得的经验、暴露出的不足以及改进措施进行总结，并向主管领导汇报。需要注意，一定要做到事前请示、事后汇报。这既体现了经办人思维的严谨与周密，也符合办事的一般程序。

6.3.1.4 人际沟通合作题

做任何事情都不能单枪匹马、单打独斗，而要团结协作、共同努力。这类问题主要考查应聘者与领导、同事之间的沟通意识与技巧，应聘者的自我情绪控制能力以及是否具有大局观念和担当意识。

例6-4：由于你表现非常突出，年终推优会上，领导将你评为"优秀"，而此时你的同事小韩却直言你的不是，会场十分尴尬。此时，你可以做一个简短发言，请现场模拟。

回答这类问题要注意：成绩不是一个人的，要舍得将功劳让于别人；过错也不会完全由别人造成，要勇于承担责任；别人对你的批评源于对你的重视，要直面批评并表达谢意；成功是有原因的，要乐于向别人学习。另外，本题还有一个关键词"现场模拟"，要求应聘者将面试现场当作推优会现场。可以从这几个方面展开：一是加上称呼语"各位领导、各位同事"；二是感谢领导对你的肯定，同时也对小韩的批评表示感谢；三是剖析小韩反对你的原因，可能是以前彼此沟通不够，存在误会；四是点明这是在会场，不能因为自己的事而影响会议的进行，表明会后将找小韩好好沟通，并再次向关注你的领导和同事表达谢意。由于"会场十分尴尬"，千万不能与小韩争吵，以免事态更难控制。在这种情形下，保持清醒的头脑，化被动为主动，平息争论是首要的。

类似的题目如："单位年终评优，大家都认为你最有可能被评上，你自己也认为平时工作勤勤恳恳、任劳任怨，从没有出过差错，应该会被评上。不料最终被评为优秀的却是平时默默无闻的同事小马。有不少同事为你鸣不平。请问你会怎么办？"对于这道题应注意：小马"平时默默无闻"，可能仅仅是你的感觉，只是自己没有发现他的优秀之处而已；向"为你鸣不平"的同事表示感谢，谢谢他们对你的支持，同时也要让他们知道，结果是公平的，以后你将一如既往地努力，争取下次能评为优秀，不辜负他们对你的期望。

6.3.2 无领导小组讨论

无领导小组讨论是指由若干应聘者组成一个临时工作小组，讨论给定的问题，并做出决策。这个小组是临时组成的，不指定负责人，目的在于考察应聘者的表现，尤其是看谁会从中脱颖而出。

无领导小组讨论是评价中心技术中经常使用的一种测评技术，采用情景模拟的方式对应聘者进行集体面试。由一定数目的应聘者组成一组（6~9人），进行一小时左右与工作有关的问题讨论，讨论过程中不指定领导，也不指定应聘者的位置，让应聘者自行安排组织，评价者观测应聘者的组织协调能力、口头表达能力、辩论说服能力等各方面的素质，以及自信程度、进取心、情绪稳定性、反应灵活性等个性特点，由此来综合评判应聘者。

例 6-5：什么样的领导才是好的领导？

在你心目中，什么样的领导才是好的领导？

这个问题看起来好像很简单。这是开放性的问题，遇到这类问题的时候，应聘者往往会觉得有很多可以说的内容，但又不知道从哪说起。无领导小组讨论六分看技巧、三分看思想、一分看气质。而面对这个题目的时候，首先脑海中会蹦出一些词汇，比如：完美人格、职业道德、平易近人、坦诚相待、战略眼光、领导才能、嗅觉敏锐等。但你要知道，你想到的，别人也会想到。重点是如何编排这些词汇，让它们变得与众不同。

回想一下，古往今来对人的评价维度有很多，但常用的就是智商、情商以及逆商。智商往往包括观察力、记忆力、思维力、想象力、创造力等维度；情商就是情绪控制和人际关系，如自制力、热情、毅力、自我驱动力等；逆商就是面对挫折和逆境时的反应能力。作为一个领导者，那些力挽狂澜者，才被称为伟大。远如诸葛孔明受任于败军之际、奉命于危难之间，近如乔布斯让苹果起死回生，诸如此类。当别人在讨论创造力、领导力时，你去聊一聊走出困境的能力，这就是化腐朽为神奇的地方。

你的发言可以是这样的：大家好，我觉得对人的评价标准十分多元，评价的指标也比较多，我准备从智商、情商、逆商三个维度来描述一下我心中好的领导者。在智商方面，好的领导者……在情商方面，好的领导者……除此之外，我认为逆商对一个领导者而言更加重要。干事业、做工作，不可能一直顺风顺水，在逆境时，领导者一定要有办法激励起大家的士气，带领团队振作起来继续奋斗。

这类开放性的问题往往上手的难度较低，但也不容易答得精彩，当你想不出新颖的观点时，就要用发言的逻辑性、条理性来征服评委。开放性问题的背后往往还隐藏着一些陷阱。比如我们刚刚解析的这道题目，面试官很可能希望你了解他们企业的领导风格，希望你的答案与他们的情况相吻合。此时你就要思考，你对所面试企业了解多少？如果这个开放性问题变成：现在本公司要精简业务，你准备剔除哪个产品？现在本公司要扩大市场规模，你首先要挖掘哪些人才？对此，你该怎么回答？其实面试官不奢求完美的答案，他们只想知道你为进入这家公司准备了多少。

例 6-6：这样的学校该撤销吗？

某大城市外来务工人员较多，他们为了解决子女的就学问题，共同开办了一家名为"鹏程小学"的学校。学校教学设施比较简陋，师资力量薄弱，卫生状况也很差，而且鹏程小学未在教育部门登记备案。根据相关文件，这类学校应予以取缔，但如果取缔学校，大量外来务工人员的子女将面临辍学。你认为应该撤销鹏程小学吗？

这是一道选择明显两难的问题。千万要注意，一味去体现思考的全面性，把两方观点都分析得头头是道，但是不给出自己明确的想法，这样的做法在两难式问题中是绝对不可取的。分析一定要全面，但也要懂得取舍，在充分阐述思维逻辑的前提下，给出自己较为鲜明的观点。

对于这道题目来讲，撤销理由是显而易见的：学校教学设施简陋，影响教学质量；卫生环境不过关，威胁学生的身心健康；政府对办学有明确要求，应该依法办事，等等。如果不撤销，也可以说出一些理由：撤销学校，学生会辍学，家长也不能安心工作，会引起一连串的负面反应。但是如果只根据这些原因就给出判断，答案一定是不及格的，而且小组很难形成统一的意见。

上面的那些思考，都缺少了另一个维度。如果撤销，一定能找到理由，但是撤销带来的社会问题要如何解决呢？反之，也要思考不撤销带来的问题要如何解决。突破这道题的是衡量因你的选择而带来的社会问题解决的难易程度。

利用上面的思维方式，我们可以尝试这样回答："大家好，我认为应该撤销鹏程小学。原因是：学校教学设施简陋，影响教学质量；卫生环境不过关，威胁学生的身心健康；办学有明确要求，应该依法办事。但我也知道，一旦撤销，学生将面临辍学，我想了一些解决针对性的方案：一是让这些学生到正规的小学校就读，对于困难家庭给予一部分补助；二是对接收这些学生的学校给予一定的补贴。"

对于这类两难式问题的解决，一定不要只强调自己的观点，两难式问题的特点就是从正反两个角度都能说通。当讨论陷入僵局时，可以换一个角度思考，去探讨不同选择所带来的社会问题，然后衡量解决的难易程度，这样就会让小组成员的意见迅速统一。

6.3.3　情景面试

情景面试是结构化面试的一种，包含一系列与申请职位或工作相关联的场景问题，这些问题的答案是明确的。面试官对所有应聘者询问同样的问题，应聘者同样可以问与工作相关的问题。可接受的问题答案事先由专家或主试者共同确定。这是一种信度较高的面试方法。

例 6 - 7：四位商场经理候选人被安排同时观看一段录像，内容如下：

一座小城市的一家百货商场，上午 9 时，一位高个子男士掏出 100 元买了一支 3 元钱的牙膏后离开商场。上午 10 时，又进来一位矮个子男士掏出 10 元钱买牙膏，售货员找钱时，矮个子却说自己给的是 100 元。于是，双方起了争执。

"怎么回事？"商场经理问到。女售货员委屈地向商场经理诉说了来龙去脉，商场经理听完，礼貌地说道："这位先生，您说您给的是 100 元，请问有证据吗？"

矮个子想了想说："我想起来了，昨天我顺手在钞票上用圆珠笔写了四个数字 2888。"售货员找了找果然有一张写有 2888 的 100 元钞票。这时，小伙子来了精神，冲着人群高喊："那就是我刚才给的 100 元钞票，不信可以验笔迹。"

围观的顾客们开始表示出对商场的怀疑。镜头在人群、顾客、售货员和商场经理脸上切换……这时屏幕上弹出一个问题：假如您是这位商场经理，如何应付当时的局面？要求准备 10 分钟，然后在规定时间内向专家组陈述自己的答案。

6.3.4 其他面试方法

6.3.4.1 公文筐测验

公文筐测验又称文件处理测验或文件包测验，是一种情景模拟测验，它是对实际工作中管理人员掌握和分析资料、处理各种信息，以及决策活动的一种抽象和集中。公文筐测验作为一种正式的情景模拟人才测评方法，起源于美国，迄今为止已经有 60 多年的应用历史。该测验一般在假定情景下实施，要求被试者以目标岗位管理者的身份在规定条件下（通常是比较紧迫困难的条件，如时间和信息有限、孤立无援等），处理目标管理岗位在实际工作中将会遇到的一系列典型、棘手的问题。通过观察应聘者的行为表现，分析被测者的公文处理报告，评估应聘者捕捉信息、分析信息、处理信息、做出决策、组织工作的能力，综合评价应聘者的现场表现。

6.3.4.2 角色扮演法

角色扮演法是指通过模拟一些特定的情景，给应聘者分配不同的角色，让应聘者在模拟情境中表现自己对复杂情况的应变和处理能力。面试官需要事先向应聘者说明背景情况和角色。角色扮演法的程序大致如下：一是抽签分组；二是各小组派代表抽题；三是阅读题目分配角色，每人准备大约10分钟，不能相互讨论；四是角色扮演，限时20分钟；五是结束，面试官进行打分。

6.3.4.3 压力面试

压力面试是指有意制造紧张气氛，以了解求职者如何面对工作压力。面试人通过生硬的、不礼貌的提问故意使申请人感到压力，并针对某一事项或问题一连串发问，直至无法回答。其目的是确定求职者对压力的承受能力、应变能力和人际关系能力。

6.4 面试的实施与技巧

6.4.1 面试的实施流程

实施阶段是面试的核心，即面试的具体实施过程。事实上，应聘者进入面试场地后，就可以对其行为谈吐等进行观察，通过等候面试过程中的一些行为表现也可以侧面了解应聘者。

对招聘组织者来讲，要做好接待工作，如协调好门卫，做好引导工作，方便应聘者顺利到达；有秩序地进行签到，并安排好候场，可提供一些公司介绍材料和茶水等；应聘者在规定的时间进入面试场地，面试官确认身份后开始面试。

正式面试一般包括六个阶段。

6.4.1.1 关系建立阶段

首先,面试官通过简洁的欢迎词和一些与工作无关的开场白,创造轻松、友好的氛围,使应聘者放松心情,进入到面试状态。这可以从比较熟悉的事情入手,如交通、天气等:"我们这里容易找到吗?""从哪里过来?路上花了多长时间?"

其次,面试官介绍指导面试,使应聘者了解面试的基本意图、规则、时间和流程安排,做到心中有数。

6.4.1.2 导入阶段

面试官可以先要求应聘者做简短的自我介绍,然后围绕简历或申请表提出一些应聘者比较熟悉的问题,以缓解其紧张情绪。这些问题包括个人的学习或工作经历等,较为宽泛,自由度大,比如"请简单介绍一下你之前的工作经历""请介绍一下你现在学习的内容"。

6.4.1.3 正题阶段

面试官根据面试题目以及相关要求与应聘者进行双向交流,获取应聘者与应聘岗位核心胜任力的匹配信息。通过一系列基于关键能力的行为性问题以及相应的追问,使应聘者充分展示自我,获取应聘者的关键信息。在此过程中,面试官充分运用提问、倾听、引导、观察、记录等方式,全面获取应聘者的知识、能力、个性特征等信息,以供最后评价之用。这一阶段的问题可以是:"当你的领导误解了你,当场批评你时,怎么办?"追问:"能不能讲一下当时的细节是怎样的?"再追问:"后来又应怎么处理?"对于一些简单的、重复性的初级职位,面试官很难评价应聘者所展示的技能水平,这时可以向应聘者提一些与这份工作具体任务相关的假设性问题,记录应聘者的回答。

6.4.1.4 深入阶段

在常规问题完成之后,可以提出一些有深度、敏感或尖锐的问题,包括应聘者过往经历中的疑点、本次面试过程中的不足等,由此获取应聘者更为全面的信息。这一阶段的问题可以是:"刚才讨论中你提到人力资源战略规划,具体你会怎么做?"

6.4.1.5　面试结束阶段

面试结束之前,应给予应聘者一个补充、修正或向面试官提问的机会,然后在友好的气氛中结束面试,并告知反馈面试结果的时间,最后对应聘者参加面试表示感谢。这一阶段的问题可以是:"你有没有什么要补充的?""有没有什么问题你还需要进一步了解的?"

6.4.1.6　面试的评价阶段

面试评价是指面试过程中根据应聘者的表现进行评价的过程。面试官应根据面试记录的信息在面试评价表中对应聘者进行评价。方法一般有打分式评价、评语式评价和综合式评价。

打分式评价对应聘者各个考查内容对比评分标准后打分,比较简单易行,但无法体现应聘者的个体差异性;打分式评价由强到弱可表述为:很好、较好、一般、较差、很差。

评语式评价是对应聘者不同考查内容完整特征的描述,要求较高,评价时间较长。例如,主动性由强到弱可表述为:提前行动,能意识到别人没注意的问题;具有前瞻性,能在不确定的情况下,主动采取必要措施解决问题;能在问题出现时迅速采取行动,在了解相关政策后及时作出反应,以使出现的问题最少或阻碍最小;能按照要求自主地开展工作,不需要督促完成任务;完成工作不自觉,需要在别人的督促下进行。

综合式评价则是打分式评价和评语式评价的综合,在打分的基础上对应聘者的一些典型特征进行描述,既可以横向比较,也可以纵向比较。

面试评价不宜在面试过程中进行,以免对应聘者的观察不够全面,一般在面试结束后马上完成,以免间隔太久造成回忆偏误。从操作过程看,面试官先各自打分,之后进行面试官内部评议,最后将分数提交给工作人员进行汇总，通过面试计划拟订的权重核算出应聘者的面试得分。还可由主面试官组织最后评议，对相关应聘者的表现进行讨论和分析，结合招聘岗位要求，得出最终的结论。

如果面试是甄选的最后一个环节，可以结合录用标准得出相应的决策意见。

6.4.2 面试过程中的技巧

6.4.2.1 对行为进行提问

尽量对应聘者过去的行为进行提问，这样才能分析应聘者的实际行为判断对他之后的表现，比如："您之前是否做过……，您当时是怎么做的？""讲述一下您参与……的具体例子""描述一下当时的具体情况""您有过……的经历吗？""请结合以前的经历谈谈您对……的看法。"但应避免"如果""假设"等样式的提问。

6.4.2.2 面试中提问的 STAR 原则

STAR 法则包括情境（situation）、任务（task）、行动（action）、结果（result）。STAR 法则用以收集应聘者与工作相关的具体信息和能力，它可以预测面试者未来的工作表现。应聘者求职资料上写的都是结果，描述过往的经历和成绩，相对简单且可能经过美化。面试官则要了解应聘者如何做出业绩，做出这样的业绩都使用了一些什么样的方法、行动，以全面了解应聘者的知识、经验、技能，以及工作风格、性格特点等。

（1）情境

首先要了解该应聘者处在什么背景之下，他所要解决的工作难题是什么，为什么会产生这个问题，这项工作的难点在什么地方……通过不断发问，可以了解应聘者工作的情境，从而获得必要的信息。

（2）任务

进而要了解应聘者具体的工作任务是什么，衡量标准是什么。

（3）行动

继续来了解应聘者为了完成任务所采取的行动，即如何完成工作，在工作中担当什么角色，采取了哪些行动，该行动是如何帮助他完成工作的。这样可以进一步了解他的工作方式、思维方式和行为方式。

（4）结果

最后才关注结果。每项具体的工作任务在采取了行动之后的结果如何，是好还是不好；好是因为什么，不好又是因为什么。

这样，通过 STAR 原则，逐步将应聘者向深处引导，逐步挖掘出应聘者潜在的信息，以更好地进行招聘决策。

6.4.2.3 面试偏见的克服

面试者的聘用决定也容易被偏见所左右。主持面试的人，因个人的偏好和过去的经历，会在一定程度上形成偏见，使之无法正确地挑选应聘者。面试官要认识到这些偏见的存在，并在面试中注意控制偏见所产生的影响。

面试中常见的偏见主要有以下几种。

（1）第一印象

一般情况下，人们首次见面后，很短时间内就会做出喜恶的判断，这叫初次印象。随后，我们会潜意识地去寻找巩固最初印象的信息，并忽略掉削弱最初印象的信息，使我们难以保持客观、清醒，这就是第一印象产生的偏见。

第一印象产生的偏见往往根据在面试最初几分钟里所收集到的、与工作无关的个人信息去对应聘者做出评价。

（2）晕轮效应

人们会给某一两个方面能力高的人加上光环，并由此概括地认为他的其他方面也出色，这就是晕轮效应产生的偏见。比如，一个穿着得体的销售人员容易被认为更专业且工作能力更佳；一个技术能力强的工程师会被认为能胜任班组领导工作。

晕轮效应让某一特点（如技术能力、销售能力、沟通能力等）影响面试官对应聘者的其他方面做出评价。

（3）因相似而引起的偏见

人们更容易喜欢和接受跟自己相像的人，如果一个人的背景、观念、爱好、经历等和自己有许多相似之处，你就更容易喜欢他，与之相处也感到舒服。但这个相似性常常使我们看不到一个人的重大缺点，这就叫因相似引起的偏见。这种偏见会影响对应聘者技能和能力的评价。

（4）首因与近因效应

首因与近因效应是指在面试结束后，对第一个与最后一个应聘者的印象更深，而易错漏位于面试中间位置的合格申请人。

（5）树立标杆

也就是说，面试者以最优秀的申请人作为标杆，将其他人与之比较，而一旦最优秀者未招聘成功，则所有的面试都白做了。在招聘中，面试官要时刻提醒自己所需要的应聘者是最合适的，而不是最优秀的。

6.5 面试与法律

在面试中也应充分注意相关法律问题，特别是在面对女性求职者、残疾人就业者等群体时。

下面是部分禁止就业歧视的法律条文：

《劳动法》第十二条规定，劳动者就业，不因民族、种族、性别、宗教信仰不同而受歧视。

《劳动法》第十三条规定，妇女享有与男子平等的就业权利。在录用职工时，除国家规定的不适合妇女的工种或者岗位外，不得以性别为由拒绝录用妇女或者提高对妇女的录用标准。

《妇女权益保障法》第二十二条规定："国家保障妇女享有与男子平等的劳动权利。"第二十三条规定："各单位在录用职工时，除不适合妇女的

招聘管理

工种或者岗位外,不得以性别为由拒绝录用妇女或者提高对妇女的录用标准。"

《残疾人保障法》规定:"国家保障残疾人劳动的权利。各级人民政府应当对残疾人劳动就业统筹规划,为残疾人创造劳动就业条件。"第三十四条规定:"在职工的招用、聘用、转正、晋级、职称评定、劳动报酬、生活福利、劳动保险等方面,不得歧视残疾人。"

《女职工劳动保护规定》明确:"凡适合妇女从事劳动的单位,不得拒绝招收女职工。"

思考题

1. 面试的意义是什么?面试可以测评应聘者的哪些素质?
2. 面试分哪几个步骤?
3. 面试有哪几种方法?分别是什么?
4. 常见的面试偏见有哪些?
5. 给人力资源招聘主管设计一份一般性面试提纲。
6. 我国禁止就业歧视的相关法律有哪些?

7 背景调查

学习目标

1. 了解背景调查的目的与意义
2. 理解背景调查的方式与类型
3. 掌握背景调查的内容、流程
4. 把握背景调查应注意的问题

名言指路

没有调查，没有发言权。

——毛泽东

不明察，不能烛私。

——战国·韩非子

7.1 背景调查的目的与意义

7.1.1 背景调查的含义

背景调查是指向证明人或前工作单位等相关方收集材料，以核实应聘者个人背景情况的行为，是一种能有效查证应聘者个人资料的方法，如应聘者的教育和工作经历、道德品质与工作能力等。背景调查是招聘过程中一个重要却容易被忽视的环节。背景调查通常采取信函电证明、实地调查的方式。背景调查所涉及的资料大部分都是公开的记录。

7.1.2 背景调查的目的

背景调查的目的是尽可能获取应聘者全面的资料以及应聘者未提供的信息，从而对该应聘者进行判断。部分行业人才供大于求，应聘者面临极大的竞争压力，为迎合岗位需求标准，个别人可能对学历、能力、品质、兴趣、奖项、实习经历弄虚作假。背景调查可以筛掉虚假信息，而放弃背景调查有可能破坏人员选拔的准确性与公正性。例如，美国一家航空公司在没有核实推荐信的情况下聘用了一名飞行员。4年后，这位飞行员飞机坠毁导致14名乘客不幸罹难。调查结果表明，该飞行员在前公司的绩效水平就很差。全面审查应聘者的资料，有助于挑选出合格的申请人。

7.1.3 背景调查的意义

背景调查是组织获取应聘者真实信息的重要手段，许多组织重视对应聘者的背景调查，甚至不惜花费重金聘请专业中介机构调查。背景调查的意义至少有以下几个方面。

（1）核实个人简历中的信息

这些信息包括教育背景、工作经历、奖项证书等，以验证应聘者所提供的信息是否属实，因为有些信息很难在面试过程中辨识确定。如果应聘者提供虚假信息，组织很有可能无法获得合适人选，同时挫伤内部员工的积极性，给组织造成损失。

（2）核查应聘者道德品质有无问题

应聘者的简历一般不会反映曾经犯下的较为严重的错误或是曾经被除名的经历。组织如果录用此类员工，无疑是有风险的，因此要通过调查了解应聘者以往工作中有无违纪等风险事件，了解其道德品质，降低录用风险。

（3）发现应聘者简历以外的信息

通过询问应聘者前工作单位，可以了解应聘者的组织协调、人际沟通及团结协作等能力，也能掌握一些简历上未体现的个性、技能及工作习惯等方面的信息。

（4）作为预测未来绩效的依据

应聘者之前的工作业绩是预测其未来绩效最有效的参考。通过其前工作单位领导或是学校导师，能够了解应聘者的具体表现，预测其在岗位上的表现，发掘应聘者的潜能，从而制订出个性化的职业生涯发展规划，或是提供适当的培训机会。这有利于组织对人才结构进行有效的调整，使组织与个人实现共赢。

背景调查可以帮助组织做出正确的录用决策，但须合法正当地获取、使用背景调查信息。我国的公民权利受到法律保护，组织要注意背景调查的方式方法，切不可侵犯应聘者的隐私权等。

7.2　背景调查的类型与方式

7.2.1　背景调查的类型

（1）向证明人核实

询问熟悉应聘者工作情况的人员，重点关注其工作能力、性格与道德品质等信息，以判断应聘者是否适合工作岗位。

（2）核实凭证

核实最高学位、执业资格证书及其他能力水平证书等，同时可进行更详尽的调查，如犯罪记录、征信信息等方面。

（3）核实是否需要培训

招聘人员了解应聘者的优点和缺点有助于判断是否需要培训，从而降

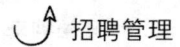

低时间成本,提高组织生产效率。最好的方式是咨询应聘者在前工作单位的直属领导。

7.2.2 背景调查的主要方式

7.2.2.1 档案查询

我国拥有系统、严格的人事档案管理制度,档案中个人基本资料、教育与就业等情况的记录比较准确,但查询档案审批程序复杂严格,有可能影响背景调查的效率。

7.2.2.2 电话调查

电话调查要先设计调查问卷,然后要培训调查员,再确定被访问者方便接受访谈的时间。在电话调查中,调查员要根据调查问卷的内容进行询问,同时记录下被访者的回答。电话调查法具有简便易行、省时价廉的优点,是目前使用较多的方式之一。

7.2.2.3 当面访问

人力资源部门访问人员经培训后,携带调查问卷去往各个调查点,按照调查要求对所选择人员进行访问,并记录下被访者的回答与反应。这种方式与被访者有正面接触,往往能得到有关应聘者道德品质等有价值的信息。其主要优点是调查质量较高,调查回答率高;缺点是耗时较长,费用高,且需要对访问员进行培训。

7.2.2.4 发函调查

发函调查包括填写调查问卷和证明人撰写评论信两种方式。人力资源部门的调查人员把调查问卷或恳请对应聘者给予评论的书面材料邮寄给证明人或推荐人,待其完成问卷作答或评论信后寄回组织的人力资源部门。总体来说,发函调查法系统性强,效率较高,缺点则是回复率较低。

7.2.2.5 委托调查公司调查

人力资源部门可选定一家调查公司,提出调查纲要和具体要求,双方签订合同，调查公司在约定日期前交付调查信息。该方式的优点是方便快捷，但是调查公司良莠不齐，目前规模大且运行良好的公司相对较少，且价格较高。此种方式成功的关键是选择一家合适的调查公司。

7.3 背景调查的内容

背景调查一般安排在通过面试后至正式录用前。员工背景调查表如表 7-1 所示。

表 7-1 背景调查表

调查人：			调查日期： 年 月 日	
应聘者姓名：				
教育状况核实				
受教育机构：		联系人：		核实日期：
入校时间：	毕业（是/否）	获得何种学位：		
犯罪记录调查				
记录类型：		调查时间：		
调查结果：		联系人：		
工作情况核实				
工作单位：		联系人：		调查时间：
工作时间：		最后担任的职务：		
主管姓名：		担任的其他职务：		
基本职责：				
工作表现：		与现在从事该工作的人员比较：		
出勤率：		工作态度：		

续表

	表现出色的例子	
离职补偿：		离职原因：
是否有被提升的资格：		有无被重新雇用的资格：
雇用的保留意见：		
备注：		

7.3.1 学历水平

可以到应聘者的毕业院校调查教育情况，核实教育经历、在校成绩及表现，防止应聘者伪造文凭、证书。常见的作弊方式就是假学历，原因在于目前大部分岗位的招聘资格都会要求最低学历。现在可以通过学信网等官方互联网平台查询学历证明，这为招聘单位提供了便利。

7.3.2 工作经历

调查应聘者过去的工作经历同样十分重要。过去的工作经历可以客观反映应聘者的工作时间、岗位职责、薪酬及离职原因等情况。最好的方式就是向应聘者曾经工作过的单位了解，尤其是直属及主管领导。同时，在收集这方面信息时，应该确保公平性和客观性，可以向应聘者过去的同事、客户等相关人员多方面了解情况。此前的客户和合作机构在长期的工作接触过程中与应聘者有许多往来，对应聘者的工作能力和业绩都有所了解。

7.3.3 道德品质与征信

道德品质与征信主要包括个人品行、成长经历、家庭情况、个人爱好、征信查询等。俗话说：江山易改，本性难移，组织很难在工作中改变一个员工的品行，必须通过调查进行筛选。每个组织都希望得到品行良好、经历丰富、无不良嗜好、有信用的员工，而仅通过员工的简历和面试很难对此进行全面了解。

7.3.4 职业资格和认证的信息

为了保障行业的运营标准与专业水平，部分职业与岗位设有专门组织的职业资格考试和认证。2017年9月15日，人力资源和社会保障部印发《关于公布国家职业资格目录的通知》，公布国家职业资格目录。2021年经调整后，拟列入专业技术人员职业资格58项，其中准入类31项，水平评价类27项。对于水平评价类职业资格，如资产评估专业相关从业人员通过资产评估师考试，则证明应聘者有相应的专业能力。而对于准入类职业资格，如教师资格证及执业药师的考试，只有通过考试取得执业证书的人员才能从事相关的工作。这些考试或认证具有权威性，一些应聘者可能会伪造证书以获取职位，因此对于这些资格和认证均应进行确认。

7.4 背景调查的流程

员工背景调查的一般流程为：

①明确员工背景调查指导方向。人力资源部门负责人应全程监督员工背景调查工作，使调查保持客观、公平、公正，避免就业歧视现象及违法违规行为的发生。

②组织应根据自身规模、实力决定员工背景调查的强度。员工背景调查的强度取决于空缺职位承担的职责，责任较大的岗位要进行准确、详细的调查，尤其是招聘中高层管理人员及从事关键岗位工作的人员。

③通过工作分析确定调查内容。对于不同的工作岗位，要根据其不同的工作性质确定调查重点。员工背景调查的内容一般包括教育背景和薪资

水平等，有些可以直接从互联网上获取，有些可以联系应聘者原单位取得。对于特别重要的岗位，可以走访应聘者原单位的人力资源部门。

④调查前，组织应以书面的形式要求应聘者签名同意对其进行员工背景调查，每人可提交 3~5 名证明人或推荐人及其联系方式。书面声明应当存档。

⑤选择合适的调查方式。组织采用的调查方式越多样，联系的证明人越多，被蒙蔽的可能性就越小，出现误判的概率就越小。在合理控制招聘成本的前提下，组织应至少选择两种调查方式。

⑥对调查员进行培训。调查员的工作对于背景调查的成败至关重要。调查员仅需询问工作相关问题，尽可能使用公开的信息来客观评价应聘者的工作情况和道德品质，并以书面形式记录调查过程，最后把收集的所有材料整理归档。

⑦核对应聘者提交的材料与背景调查得到的信息是否一致，如有偏差，需要对相关内容进行核实。如果最后做出不录用的决定，需要告知应聘者被拒绝的缘由。

⑧网络调查是重要的辅助工具。对于学历、发表的文章及获奖证明等，通过网络调查均能获得较为准确、可靠的信息。

7.5 背景调查应注意的问题

在进行员工背景调查时，应注意以下问题。

7.5.1 选对背景调查时机

对于重要且应聘人数较少的岗位，可以在完成申请表或个人简历分析后、面试等甄选环节开始前进行背景调查，因为此类岗位对应聘者的要求较高，甄选过程复杂，单位招聘成本较高。利用背景调查淘汰不符合岗位要求的应聘者，可以降低后期的成本。而对于人数较多、要求相对不高的岗位，可在面试结束后、上岗前的间隙进行，避免前期背景调查成本过高，周期过长。

7.5.2 事先通知应聘者

在进行背景调查前，应提前以书面形式知会应聘者，征得被调查者的同意，并要求其提供相关的必要信息。相关内容可以让应聘者在申请表中直接填写。

7.5.3 调查目标的选择

可优先选择应聘者的前直属领导或同事进行调查，这些人员与其工作接触时间长，对应聘者的道德品质、工作能力及态度等有详细且深入的了解。

7.5.4 限定调查问题的范围

员工背景调查主要针对应聘者个人情况，而无关的内容，尤其是涉及个人隐私的问题要坚决规避，以免引起法律纠纷。另外，要做好书面记录，作为未来是否录用该员工的依据。

7.5.5 背景调查和人员测评结合使用

背景调查并不能收集到应聘者所有的信息，有时难以避免错误和失真的信息。借用心理学家麦克利兰提出的冰山模型，冰山水面以下部分的求职动机、个人品质、价值观、自我认知和角色定位等鉴别性素质很难被获取。如果背景调查同其他甄选方式相结合，多维验证，可以较大幅度地提升甄选的准确度。

7.5.6 背景调查内容应简明、实用

背景调查内容应以简明、实用为原则，原因有两点：首先，为控制背

景调查的工作量,降低调查成本,缩短调查时间,以免影响其他人力资源管理模块的工作与业务开展;其次,劳动力市场对优秀人才的竞争非常激烈,长时间的背景调查无疑会给竞争对手提供机会。

7.5.7 信息不一致的,不宜草率判断

通过背景调查可以得到关于应聘者的各种信息,这些信息既有客观情况,也有主观性较强的内容。在决定是否录用时,尽可能根据事实进行决策,对背景调查的信息应综合分析后下结论,依据应充分,不轻易判断。假如应聘者的前领导对其有成见,或是彼此有矛盾,其给出的评价可能会带有个人偏见,因此对信息要有辨别力,不可不信,不可轻信。

7.5.8 背景调查材料须保密

在获得了可靠的员工背景调查材料后,应将其与该应聘者的其他材料共同保管,并做到安全、保密。比如,规范传递与借阅手续,员工借阅须经分管领导批准,并在文件阅览室查阅,不准带出,以确保文件安全,个人信息不被泄露。

思考题

1. 背景调查主要包含哪些方式?
2. 背景调查的内容主要有哪些?
3. 调查过程中应该注意哪些问题?

8 员工录用管理

学习目标

1. 了解员工录用管理
2. 掌握劳动合同签订注意事项
3. 掌握新员工入职管理流程
4. 了解新员工入职培训的内容与方式

名言指路

用智者之谋,勇者之断,仁者之施,足以成治矣。

——唐·张弧

长才靡入用,大厦失巨楹。

——唐·邵谒

当求职者经过了各种甄选后,被录用并安排到相应的岗位上,招聘就完成了。员工录用是指对经过招聘甄选的应聘者,做出最终录用决定,通知他们体检、报到及办理就职手续,通过试用期考核,完成正式录用的流程。

8.1 体检

体检是录用过程中一个不可忽视的环节。为了确保求职者的身体状况符合工作要求，特别是满足工作对身体素质的特殊要求，在甄选之后、录用之前还要开展人员体检工作。不同的职位对身体状况的要求有所不同，一些对健康状况有特殊要求的职位在招聘时要对求职者进行严格的体检，否则有可能给企业带来很多麻烦。

8.1.1 体检的意义

体检是人员选拔过程中必不可少的一个步骤。体检的作用一般有以下几方面：一是可以用来确定求职者是否符合职位对身体的要求，发现工作安排时应考虑的身体局限。二是建立求职者健康记录和基线，以用于未来的保险和雇员赔偿等。三是可以降低缺勤和事故率，发现可能的传染病。与人群密切接触或从事食品、药品、化妆品等加工生产的人员，不能患有传染病，需要进行强制性体检。

体检环节的执行相对比较简单，一般企业会指定一家有信誉或长期合作的医疗机构（通常要求三甲以上医院），通知应聘者在一定时间内进行体检。如果企业组织规模较大，也可在内部医疗部门进行体检。

8.1.2 体检的内容

体检内容的决定要基于体检的目的，可以从检测求职者身体健康状况和岗位对身体的要求两个方面出发来确定体检的内容。

就实践情况来说，应聘者身体健康状况检查的内容已经基本确定，并有明确的法律规定作为指导。《中华人民共和国传染病防治法》《中华人民共和国食品卫生法》《公共场所卫生管理条例》《化妆品卫生监督管理条例》等法律法规强制性地要求一些行业从业人员每年接受身体检查，筛查是否有妨碍公共健康的疾病。对于特殊岗位对身体状况的要求，招聘方可相应地增加特殊体检项目。例如，司机、交警等工作和涉及绘画、摄影、艺术设计、动画等活动的岗位，对身体的要求会比较高，色盲、色弱是不适合的。而对于音乐、影视等相关岗位，听力不佳者也是不适合的。总之，体检的内容根据岗位对身体条件要求的不同而不同。

8.1.3 体检结果的处理

体检的结果一般分为合格与不合格两类。相应地，通知也分为录用通知和辞谢通知两类。通知被录用者最重要的原则就是及时。一方面，防止应聘者在这段时间内加入其他公司，这对于公司来说将是损失。另一方面，对于身体条件不符合要求的人员，要婉拒并感谢，尽可能给应聘者留下好的印象。对于一些身体条件不符合要求，但其他方面条件较优异的应聘者，可留存其资料备用。

8.2 新员工入职

阅读材料 8-1

万科是一家房地产企业。房地产项目周期长，一般要5年左右，因此很难像其他行业（如制造业）那样迅速复制和膨胀人才队伍，而万科不仅满足了自身的人才需求，还在客观上成为同行业人才的"黄埔军校"。万科在如此高速的发展中，职业管理者源源不断涌现的原因何在？

早在"王石时代"，万科就已经建立了一套内部人才选拔流程，它从公司内部培养并不断提拔这样一批人：他们深谙公司远景和工作方式，他们以万科的精神当作自己与众不同之处，他们是标准化的万科职业经理人。这种工作习惯将影响他们一生，并成为职业生涯的最大财富。

万科的人才选拔模式也是很多企业争相去学习的。一直以来，万科以

招聘管理

"人才是万科的资本,是万科的核心竞争力"为用人理念。此话听起来好像没什么特别之处,但万科的管理层能真正遵照这个原则开展人才的培养与选拔,从尊重人开始,为优秀人才创造一个良好的发展环境。这就是万科了不起的地方。要洞悉万科成功的秘密,我们可以从王石的只言片语中略知一二:"万科是一个管理系统,形成了一个干部培养体系,包含招聘、培训、使用、考核这样的一整套人才管理体系。"

万科能够成就自己的人才体系是靠着一整套人才管理体系,而这也正是人才管理时代所必需的管理理念。与国内众多企业相比,万科已经超前进入人才管理时代。首先是对人才的定义。万科的选拔标准如下:申请人在特定的组织框架下;与行业类型和行业特点密切相关;动态的,很可能随着组织变化而变化。能够充当万科管理人员的是专业人员,而且随着情况的变化而变化,万科对此有专门的素质评估模型。这套模型包括素质模型和测评工具。前者为万科需要什么样的人提供了标准,后者用来衡量一个具体的人符合标准的程度。测评报告将为最后的录用及升迁结果提供参考。这个模型就像一把标准化的尺子,被广泛应用于万科的招聘、培训、职业生涯规划、人才选拔等领域。万科另一个选材方法,现在已经广为人知,即后续人才储备。事实上,这种人才储备在中国历来都不鲜见。先秦的门客便是一种人才储备。贵族要有所作为,会希望天下贤人能者都能聚在自己门下,终有一日,这些门客会派上用场。

现代社会的人才储备遵循的也是这种思路:作为一个有准备的企业,一定要有这样一个人才梯队,在企业需要扩张的时候,能利用这样的梯队完成管理层及相应的人员配备。基于这个选材原则,万科又推出了50/500计划。每年,公司的人力资源部会根据员工的业绩和上级主管的推荐进行审核,之后选拔出一支具有上升潜质的管理后备队伍。在这个队伍里,数目庞大的部分是从基层升为中基层的管理者,大概500人,另一部分是从中层上升为高层的管理者,这部分有50人。接下去的工作是分别对500人和50人进行评估和定型。500人的评估工作通过调查问卷和反馈、职业发展对话等完成。通过这样的方式，充分了解这些人员的潜力和素养，并有针对性地制订发展规划；对于50人的队伍，万科通过360度访谈、领导力发展中心以及其他培养方式，不仅进行了解，同时也在培训。在这个过程中，公司总经理、主管人力资源的副总经理等高层都会亲自到现场，他们将人才培养工作当成公司的一门必修课。万科的选材，就像一场盛大庄重的人员聚会，一方面让万科从中找到力量的源泉，另一方面也让所有人都将万科当作一项不断有所憧憬的工程。一举两得的事情，何乐而不为？

8.2.1 员工入职的条件

应聘者经过层层选拔被录用之后，正式进入本单位工作，这就是入职程序。一般来说，在经过选拔评价各项素质都符合职位要求之后，一个人要正式进入组织工作，还需要具备以下几方面的条件。

（1）从原雇主处辞职

员工要想接受新组织的雇用，通常来讲，必须要从原雇主处辞职，与原雇主解除劳动合同。

（2）将人事档案转移到组织指定的档案管理机构

有的组织拥有自己的档案管理部门，有的则委托专业机构来进行管理。无论采取哪种形式，新雇用员工的人事档案都应该统一管理。

（3）体检合格

新雇用的员工大多要参加身体检查，确保身体条件符合所从事工作的要求。

8.2.2 发出报到通知

人力资源部门向核定录用人员发出的报到通知一般包括报到日期、地点及所需携带的个人资料等内容。个人需要提交的资料包括学历证书、职称证书和身份证的原件及复印件，解除劳动合同证明（初次就业无须提供），证件照若干张，以及其他资料等。

有时求职者会获得多个单位的录用,所以在发出报到通知后要做好求职者不来报到的准备,可以让求职者及时回复能否报到的信息,或者多预留几个意向人选。

8.2.3 做好入职准备工作

人力资源部门应事先梳理办理入职手续所需表单,确保员工个人资料档案完整。同时,要通知相关部门配合办理新员工的入职手续:

①行政部门负责发放办公用品、制作工牌等;
②用人部门负责安排工位、申领电脑电话等;
③信息技术部门负责开通邮箱、账号、调试电脑设备等。

8.2.4 办理入职

拟入职员工按照约定时间、地点至人力资源部门办理入职手续,人力资源部门按照预定流程为其办理。

8.2.4.1 填写、提交个人资料

个人资料包括免冠照片,身份证原件或户口复印件,学历、学位证书原件,资历或资格证书原件,与原单位解除劳动关系或终止劳动关系的证明,体检合格的证明及入职申请表等。

8.2.4.2 审查新员工提交的资料

用人单位对与劳动合同直接相关的劳动者基本情况有知情权,因此,企业人力资源部门应利用好法律赋予的这项权利,做好对拟录用员工入职审查和管理工作,包括年龄审查、资质审查和劳动关系状态审查等。

8.2.4.3 签订劳动合同

劳动合同的签订是作为法人的企业与择优录用人员之间的一种法律行为。签订劳动合同的程序如下:

①双方商定合同的具体条款,属于法律规定和通用的条款可预先印在

合同上；需要双方商议的，须在签订合同时达成一致，一般包括：被聘者的职责、权限和任务，被聘者的薪资福利，试用期限和聘用期限，竞业限制，聘用合同的变更条件及违反合同时双方应承担的责任等双方认为需要商议规定的其他事项。

②正式签订劳动合同，双方签字盖章，合同一式两份，公司与员工各持一份。

③如果工作岗位涉及公司商业机密，公司还需与员工签订保密协议，约束员工相关行为，确保公司信息安全。

8.3 签订劳动合同

劳动合同是劳动者与用人单位为了确定劳动关系，明确双方责任、权利和义务的协议，是组织与员工双方合法利益的保障，也是预防和处理劳动纠纷的前提。《劳动法》规定，劳动合同应当以书面形式签订，这在法律上明确了劳动合同的形式必须采用书面形式订立。在签订劳动合同之前，人力资源部门必须查看新员工与原单位解除劳动关系的证明，以防引起不必要的劳动关系纠纷。

8.3.1 签订时间要求

劳动合同一般自用工之日起一个月内签订。如果组织书面通知后，员工不与组织订立书面劳动合同，应当书面通知员工终止劳动关系，无须支付经济补偿，但是组织应当依法向支付实际工作时间的劳动报酬。

8.3.2 劳动合同内容要求

劳动合同应当具备以下条款：
①用人单位的名称、住所和法定代表人或者主要负责人；
②劳动者的姓名、住址和居民身份证或者其他有效身份证件号码；

③劳动合同期限；
④工作内容和工作地点；
⑤工作时间和休息休假；
⑥劳动报酬；
⑦社会保险；
⑧劳动保护、劳动条件和职业危害防护；
⑨法律、法规规定应当纳入劳动合同的其他事项。

劳动合同除前款规定的必备条款外，用人单位与劳动者可以约定试用期、培训、保守秘密、补充保险和福利待遇等其他事项。

8.3.3 解除劳动关系的说明

8.3.3.1 说明一

劳动者有下列情形之一的，用人单位可以解除劳动合同：
①在试用期间被证明不符合录用条件的；
②严重违反用人单位的规章制度的；
③严重失职，营私舞弊，给用人单位的利益造成重大损害的；
④劳动者同时与其他用人单位建立劳动关系，对完成本单位的工作任务造成严重影响，或者经用人单位提出，拒不改正的；
⑤以欺诈、胁迫的手段或者乘人之危，使对方在违背真实意思的情况下订立或者变更劳动合同导致的劳动合同无效的；
⑥被依法追究刑事责任的。

8.3.3.2 说明二

有下列情形之一的，用人单位在提前三十日以书面形式通知劳动者本人或者额外支付劳动者一个月工资后，可以解除劳动合同：
①劳动者患病或者非因工负伤，在规定的医疗期满后不能从事原工作也不能从事由用人单位另行安排的工作的；

②劳动者不能胜任工作，经过培训或者调整工作岗位，仍不能胜任工作的；

③劳动合同订立时所依据的客观情况发生重大变化，致使劳动合同无法履行，经用人单位与劳动者协商，未能就变更劳动合同内容达成协议的。

8.3.4 试用期管理

试用期管理的目的是确保招聘录用的员工可以满足组织的需要，并能在发现所招聘的员工不符合岗位要求时依法与其解除劳动合同。

《中华人民共和国劳动合同法》（以下简称《劳动合同法》）明确规定了试用期限、试用次数、试用期工资和试用期解除劳动合同等。同时为了防止有些用人单位滥用试用期，《劳动合同法》规定：劳动合同期限 3 个月以上不满 1 年的，试用期不得超过 1 个月；劳动合同期限 1 年以上不满 3 年的，试用期不得超过 2 个月；3 年以上固定期限和无固定期限的劳动合同，试用期不得超过 6 个月。同一用人单位与同一劳动者只能约定一次试用期。以完成一定工作任务为期限的劳动合同或者劳动合同期限不满 3 个月的，不得约定试用期。试用期包含在劳动合同期限内。

用人单位违反《劳动合同法》规定与劳动者约定试用期的，由劳动行政部门责令改正，违法约定的试用期已经履行的，由用人单位以劳动者月工资为标准，按已经履行的试用期的期限向劳动者支付赔偿金。劳动合同仅约定试用期或者劳动合同期限与试用期相同的，试用期不成立，该期限为劳动合同期限。

试用期管理中，人力资源部门要让员工明确试用期的具体工作内容和考核要求，安置至相应的工作岗位，安排其部门直接领导分配具体工作，进行日常管理，并在过程中进行工作记录，以便为试用期考核提供依据。

要注意的是，员工在试用期内的工资不得低于本组织相同岗位最低档工资或者劳动合同约定工资的 80%，并且工资不得低于组织所在地的最低工资标准。

8.3.5 劳动合同的法律效力

8.3.5.1 劳动合同的生效

劳动合同依法订立后，即具有法律约束力。从约定的到单位工作日之起，劳动合同就对双方具有法律效力，当事人必须履行合同所规定的义务。

8.3.5.2 无效或部分无效

在现实生活中，有的劳动合同虽然是当事人双方订立的，但所订立的劳动合同可能无效或者部分内容无效。劳动合同存在下述三种情形之一的，属于无效或者部分无效的劳动合同：

①以欺诈、胁迫的手段或者乘人之危，使对方在违背真实意思的情况下订立或者变更劳动合同的；

②用人单位免除自己的法定责任、排除劳动者的权利的；

③违反法律、行政法规强制性规定的。

劳动合同的无效或者部分无效，由劳动争议仲裁机构或者人民法院确认。无效的劳动合同，从订立的时候起就没有法律约束力，不受国家法律的承认和保护。对于劳动合同被确认无效的，其法律后果有两个方面：

第一，根据劳动合同法的规定，劳动合同被确认无效，劳动者已付出劳动的，用人单位应当向劳动者支付劳动报酬。劳动报酬的数额参考用人单位同类岗位劳动者的劳动报酬确定；用人单位无同类岗位的，按照本单位上年职工平均工资确定。

第二，无效劳动合同是由劳动合同当事人一方或者双方的过错造成的法律上的过错，是指法律关系主体在主观上有违法错误，包括故意违法和过失违法。过错可能是一方的，也可能是双方的，它是由当事人的主观原因造成的后果。对于无效的劳动合同，在确认其无效的同时，如给对方造成损害，有过错的一方应当承担赔偿责任。

劳动合同是对双方在雇佣关系实施期间的行为进行约束的一种法律规范，双方的权利义务受到法律的保护和约束，因此劳动合同的签订是一个审慎的过程。

8.4　新员工培训与上岗

新员工被录用到组织报到以后，需要在工作前进行一定的培训，我们称为岗前培训或岗位适应性培训。这种培训在各类组织中非常普遍，有的组织对新员工的培训甚至长达半年至一年时间。

培训的目的在于将组织录用的人员由社会人转变为组织人。具体来说，就是通过培训让新员工熟悉组织发展历史、现状乃至未来的前景，了解组织文化、规章制度和工作纪律，学习岗位所需的新技能或新知识，并在培训中转变员工不适应组织发展的心理观念和生活习惯，使其融入组织整体环境之中。无论是有工作经验的人员还是刚出学校的毕业生，都要在上岗前接受这种培训。

阅读材料 8-2

甲：第一天上班，我提前15分钟来到人力资源部，等了一小时后，被领到了一间会议室，一位工作人员通知轮到我面试了。我惊讶之余解释自己是来报到上班的新员工。对方一阵道歉后，我被领去见主管，主管看了我一眼，随即叫来一个文员带我转转。文员说："你可以随便看看，有什么事再找我"，转身就回到了他自己的办公室。后来我问能不能调到别的部门去，他们说6个月后才能调动。

我觉得该换工作了。

乙：第一天到公司，先被带到休息室，喝过咖啡，吃过点心，我拿到一本员工手册，上面写明了公司的绝大部分福利及政策。接着，在休息室播放了一段录像，内容是公司的历史、设施、重要人物及各部门的关系。随后，我们沿着厂区做了简单的参观，然后是午饭时间，主管加入进来，边吃边介绍我们的部门，并回答了一些问题。饭后，主管又把我介绍给同事们。

我的第一天棒极了！

你更喜欢哪种方式呢？新员工培训直接影响新员工的情绪、信心、对企业的认同感，甚至是否愿意继续留在公司。

8.4.1 新员工培训的意义

8.4.1.1 有利于新员工适应组织的环境

刚进入组织时，新员工面临的是一个完全陌生的环境。即使是有丰富工作经验的员工，由于各个组织的经营理念、组织文化以及制度安排等有所不同，都有一个重新认知并融入的过程。

让新员工了解组织，对于组织和员工双方来说都是有必要的。组织在培训中向员工介绍组织的发展历程、规章制度、机构设置、岗位环境等方面的情况，有利于员工尽快适应新的环境，也有利于培养员工对组织的忠诚度、激发员工的工作积极性。员工通过了解组织各方面的情况，可以对自己的生活习惯、知识结构、技能结构做出相应的调整，以达到组织的要求。

8.4.1.2 有利于新员工融入组织整体

新员工进入后，需要与组织之间建立认同与感情，培养新员工与老员工之间的合作关系和团结精神，让新员工明白自己的个人利益建立在整体利益基础之上。在培训中，要向新员工明确组织的行为规范，如上级和下级之间的礼仪、员工之间的沟通方式等。一般情况下，员工之间的引见是不可缺少的，特别是未来工作中有直接联系的员工之间。另外，还要提供一定的途径让新员工和老员工之间迅速建立联系。

8.4.1.3 有助于新员工有效开展工作

新员工对即将从事的工作一般没有现成的经验，即使有相关经验，具体操作上也经常存在差别，所以技能培训不可缺少。组织通过员工手册、工作说明书、必要的参观活动和一定的技能培训，可以让新员工明确自己的工作任务、职责权限和上下级汇报关系，适应新的工作流程，熟悉要使用的工作设施或工具，从而迅速进入工作角色，减少不必要的摸索。

8.4.1.4 为招聘、甄选和职业生涯管理等提供信息反馈

通过岗位培训，个别新员工在招聘与甄选活动中制造的假象会暴露出来，招聘人员的错误认知和主观偏见也会得到检验；新员工会充分、全面地表现，组织也能加深对员工的了解。这些都能给招聘、甄选和职业生涯管理等工作提供有价值的信息反馈。

8.4.2 新员工培训的内容

新员工岗前培训涉及的内容较多，一般是由组织高层管理者、培训部门以及新员工即将工作的部门共同实施。

高层管理者主要是向新员工致欢迎词、简单介绍组织情况，并提出要求和期望，给新员工树立良好的第一印象，为其逐步融入组织打好基础。培训部门则向新员工传递组织概况、政策制度等方面的具体信息，带领其熟悉组织环境，并负责专业技能的培训。部门主管主要负责向新员工介绍本部门的职能情况、岗位责任，并进行相关技能培训。

8.4.2.1 组织文化与规章制度培训

组织文化表现为有形文化与无形文化两种形式，其中价值观是组织文化核心。在进行组织文化培训时，首先是无形文化的培训，如组织的经营理念、组织精神、价值观等。每个组织的经营理念都是不同的，在新员工进入组织时应把本组织的经营理念传递给员工，与组织协调一致。营造良好的组织文化环境，对组织长远发展是非常重要的。

另外，还应重视有形文化的培训，如组织规章制度的培训。组织规章

制度的培训一般采取课堂学习或培训介绍的方式进行。组织首先要将规章制度印制成内部刊物、员工手册等，然后发放给新员工，再专门安排时间进行介绍。

8.4.2.2 组织的地理位置和工作环境

及时让新员工了解组织的环境，消除陌生感，是新员工培训的一项重要内容。组织环境主要包括组织的自然环境、工作环境、人文环境三个方面。

自然环境是指组织内部及附近的场景，如组织内各部门办公室、食堂、休息室、会议室，附近的银行、紧急出口、交通站点等。

工作环境是指新员工即将进入的部门或车间的办公设施、厂房布置、生产设备、生产工具等环境。

人文环境是指由组织内部上下级之间的交流方式、员工之间的合作方式、与其他员工交往所持的态度、员工的爱好活动等构成的人文系统。这对新员工之后的工作和生活将有很大影响。

熟悉组织环境主要采取参观的方法，可在培训期间利用一天或半天时间由培训部门人员带领新员工在组织内参观介绍。

8.4.2.3 组织的标志及其由来

新员工需了解组织的视觉识别系统（VIS）及其由来。如麦当劳的颜色主要由金黄色和红色构成，其标志"M"既是麦当劳的首字母，又形似凯旋门，象征着吉利和成功。组织的VIS是组织的象征，每位员工均要能识别并了解它的含义，比如厦门航空的标志是一只飞翔的白鹭。

8.4.2.4 组织的发展历史和阶段性的模范人物

每个组织在创建之初都会面对困难，发展历史会有不同的阶段，也会出现标志性的模范人物。组织发展的传奇人物和重大事件，可以使新员工热爱组织，更有归属感。组织的历史和模范也无形地对员工提出了高标准的要求，有利于促使员工对组织产生感情，建立忠诚。

8.4.2.5 组织的产品和服务

新员工应了解组织产品的名称、性能、原材料及其来源，产品生产的流程，产品的售后服务等。有些组织的产品就是服务，新员工必须了解服务的内容、服务的性质、服务的对象、服务质量的保证以及服务失误的纠正等。

8.4.2.6 组织的品牌地位和市场占有率

新员工充分了解组织的客户、市场竞争状况，有利于激发新员工的使命感。

8.4.2.7 组织的机构设置及主要领导

对于组织的机构设置、职能部门、上下级间的汇报关系、高层管理者的职责及分工，可以组织结构图的形式向新员工介绍，还可以发放内部通讯录和联系方式、专设员工合理化建议信箱等，为员工与组织建立对话渠道。

8.4.2.8 组织的战略和发展前景

组织的战略定位、发展阶段、发展目标、发展前景也是新员工十分关心的问题。只有组织发展壮大，才能给个体带来更大发展空间，同时激发新员工的工作热情和创造激情，激励新员工为组织奉献智慧和才干。

8.4.2.9 岗位知识及技能培训

新员工在上岗前要了解岗位知识、掌握工作所需的工作技能，只有岗位技能培训合格后，才能正式上岗。

新员工的岗位知识培训包括职位说明和职业必备两方面。职位说明向新员工描述什么是恰当的工作行为，并做出示范；制订日程安排，在规定时间内让新员工掌握工作方法和工作技能；回答新员工提出的问题并给予必要的指导；对于绩效考核、晋职、加薪等有关规定也要详细说明。每一位员工必须获得科学规范的工作说明书并熟悉自己所在的岗位。职业必备是指员工应掌握的工作中的同事联络、上司的管理风格、必要的保密要求等。

岗位技能培训包括新员工岗位的工作标准及操作要求、产品判定、与上下游流程的关系及对他人的影响等。

8.4.2.10 团队协作与团队建设

团队是组织运行的基本单位,具有良好的合作精神,团队的效率会大大提升,所以团队协作和团队建设是新员工培训的重要内容。

8.4.3 新员工培训的方式

8.4.3.1 讲授法

这是培训工作中普遍应用的一种方法。企业挑选或外聘教师系统地向受训者传授知识,让其了解掌握特定知识和重要观念的方法,主要有灌输式讲授、启发式讲授、画龙点睛式讲授三种方式。

这种方法的优点在于有利于受训者系统地接受知识,比较容易记忆和控制学习的进度;有利于理解难度大的内容,可以同时对多人进行培训。其缺点在于学习效果受培训者讲授水平的影响;只有培训者单方面讲授,受训者之间没有讨论,不容易巩固学习内容。

采用讲授法时要注意以下几点:
①讲授的内容要有科学性,这是保证培训效果的前提。
②讲授要有系统性,条理要清晰,重点突出。
③讲授要有针对性和实用性,这是培训新员工的目的,也是受训者学习兴趣所在。

8.4.3.2 研讨法

这种方法通过培训者与受训者或受训者之间的相互讨论解决疑难问题,主要有集体讨论、分组讨论、对立式讨论三种研讨形式。其做法是:
①每次讨论要建立明确的目标,并让受训者了解这些目标。
②激发受训者对讨论的问题的兴趣,并启发他们积极思考。

③规定讨论的议程、时间安排，讨论结束时培训者对受训者的意见要进行分析和归纳总结。

这种做法的优点是：促使受训者主动提出问题，表达个人意见，有助于激发学习兴趣，鼓励受训者积极思考，有利于受训者能力的开发。其缺点是讨论课题的选择将直接影响培训的效果，受训者自身的水平也会影响培训的效果，不利于受训者系统地掌握知识和技能。这种方法适宜围绕特定的任务或过程，培训新员工独立思考、判断评价问题的能力及表达能力。

8.4.3.3 演示法

演示法就是运用一定的实物和教具，通过实地示范，使受训者明白某种工作是如何完成的。其优点在于：易于激发受训者的学习兴趣，使其直接获得感性知识，加深对所学内容的印象。其缺点在于：培训内容适用范围有限，而且受培训场所的限制。其操作步骤如下：

①准备好所有的用具，详细介绍工作的性质和各种工作关系。演示前消除受训者紧张情绪，启发学习的兴趣，熟悉工作设备、材料、工具以及专业用语。

②演示操作前详细说明对工作质量和数量的要求。可用正常的速度操作演示一遍，操作过程中强调要点和易出错的地方；再用慢速演示一遍，操作过程中说明工作的步骤。

③演示后可以让受训者试操作。培训者观察受训者操作的过程，讲解并纠正错误；对每个受训者的操作给予现场指导，并让受训者多做几遍，以熟悉整个操作过程及操作要点。

④受训者基本掌握操作技能后，可以立即正式独立操作。上岗后，要定期检查、及时纠正，并努力使其工作达到规定的质量和数量标准。

8.4.3.4 视听法

视听法就是利用幻灯片、录像、录音等视听形式，学习特定的知识，

如项目管理、设备操作等。其做法是:

①按照培训的主体选择合适的视听教材;

②事先要说明培训的目的;

③播放后让受训者对内容进行讨论,也可以在观看过程中加入讨论,以加深理解;

④讨论后培训人员总结归纳讨论意见,并讲解在工作上具体的应用方法。

视听法培训借助影像等方式帮助受训者理解,比较生动形象,容易引起人的兴趣,且视听教材可以反复使用,适应不同水平受训人员的需要。缺点是合适的视听教材不易建设,且受视听设备和场地的限制。

各种培训方法都有其优点和缺点,实际使用中可根据培训的内容进行选择。

8.4.4 新员工适应性培训的层次

新员工从报到至正式走上工作岗位,独立承担工作,要经过一系列的培训,这些培训称为适应性培训。适应性培训根据实际需要可以分两个层次进行:一是组织层次的培训,另一个是部门层次的培训。

8.4.4.1 组织层次的培训

组织层次培训的目的是使新员工尽快掌握本组织与员工相关的共性问题。这一层次的培训主要是适应性集中培训,可将所有新员工集中在一起,让组织领导参加讨论会或进行员工引见等,让员工初步了解组织情况,并培养员工对组织的认同感。讨论会上,员工可以畅谈自己对组织、岗位的看法,提出自己的要求。这种培训是新员工融入组织的第一步,非常关键。组织层次的培训直接关系新员工对组织的第一印象,而第一印象无论好坏将需要很长的一段时间才能改变。

很多组织在适应性集中培训中还安排组织领导讲话、组织发展历程宣讲等活动,总之,培训的内容主要是组织文化培训和规章制度培训。

8.4.4.2 部门层次的培训

这一层次的培训,重点是使新员工掌握将入职的部门、职务要求懂、会、用的知识、技能等。这一层次的培训主要是适应性分散培训,其特点是不必将所有新员工集中在一起,而是各自按照以后的岗位需要进行相关知识和技能的培训。可以采用面谈及指导学习的方法,也可以在培训者的传、帮、带下逐步熟悉工作。这里的培训可由部门主管或熟练工承担。

思考题

1. 与员工签订劳动合同的时候应该注意哪些问题?
2. 实习期或试用期应该注意哪些问题?
3. 求职者在签订劳动合同时应该注意哪些问题?
4. 新员工入职需要办理哪些手续?
5. 新员工培训包含哪些内容?

9 招聘工作评估

学习目标

1. 掌握招聘评估的概念
2. 了解招聘成本的类型
3. 掌握成本效用评价方法
4. 了解招聘数量评估和招聘质量评估的指标
5. 了解招聘工作总结要点

名言指路

量才授职,则政成事举。

————唐·白居易

木受绳则直,金就砺则利。君子博学而日参省乎己,则知明而行无过矣。

————《荀子·劝学》

招聘工作结束后,还应该对招聘工作进行评估,通过整理和分析数据,发现改进招聘工作的方法和途径。

9.1 招聘评估概述

9.1.1 招聘评估的含义

招聘评估是招聘过程中必不可少的环节。招聘评估是在完成招聘流程各阶段工作的基础上，对整个招聘活动的过程及结果进行评价及总结，检查是否达到预期招聘目的的过程。

招聘评估通过评估录用员工的绩效、实际能力、工作潜力等，即评估录用员工的质量，检验招聘工作成果与方法的有效性，以改进招聘的方法。通过成本与效益核算，招聘评估能够使招聘人员清楚地知道费用的支出情况，区分哪些是应支出项目，哪些是不必要项目，从而降低今后招聘的费用，为组织节省开支。

9.1.2 招聘评估的作用

招聘评估是总结前期招聘的工作，积累招聘工作经验的过程。人力资源管理人员招收进组织人员的数量、质量、留用状况以及招聘人员自身的工作效率，一定程度上影响组织的投资回报。最后的招聘评估有利于提高组织招聘绩效。

招聘评估的作用主要表现在以下三个方面。

（1）有利于提高招聘工作质量

招聘评估中的招聘效果评估，可以发现选定的招聘渠道是否有效，评价指标是否合适，评价方法是否可靠和准确，进而可以甄选招聘渠道、改进评价指标、完善评价方法，不断积累经验并修正不足，提高招聘工作质量。

招聘评估中的录用员工数量评估可以分析招聘数量是否满足原定的要求，及时总结经验或找出原因，从而改进今后的招聘计划制订，并提供策略依据。

(2) 有利于节省开支

招聘评估分为招聘结果的成效评估（包括招聘成本与效益评估、录用员工数量与质量评估）和招聘方法的成效评估（包括招聘的信度与效度评估）。通过招聘评估中的成本与效益核算，能够清楚区分费用支出情况，对于不必要的项目，在以后的招聘工作中可以去除，从而降低招聘费用，为组织节省开支。

(3) 为人力资源管理的多项业务工作提供信息和依据

通过录用人员的质量评估，可以了解员工的工作绩效、行为、实际能力、工作潜能符合招聘岗位要求的程度，从而为人力资源规划、工作说明书修订、招聘方法改进、员工培训实施和绩效评估提供必要、有用的信息。通过分析招聘完成比、录用比、新员工贡献率等指标，可以验证任职资格要求是否符合实际。如果某职位招聘完成率较低，且新员工留存率也较低，则说明该职位的任职资格要求可能过高，因"大材小用"而导致离职率高。

阅读材料 9-1

随着我国石油行业的不断发展，各个岗位对人才的要求逐渐提高，招聘有效性就显得尤为重要。2000—2010 年是石油企业的黄金发展期。员工入职后，职业发展路径通畅，晋升机会不可胜数，形成了"人人成才"的局面，但也留下了石油企业人力资源部门对招聘工作把关较为宽松的隐患。随后受到国内石油行业下滑影响，国内外石油企业投资减少、工作任务增加、人员需求骤减、招聘数量大幅度下降。在这种背景下，企业更要在招聘中提高甄选水平，以在有限的名额内筛选出匹配的人员。从企业员工发展情况来看，石油行业不景气，企业扩张速度变慢，员工的岗位晋升难度增大。在员工晋升或薪酬需求难以充分满足的时候，员工的匹配性、工作兴趣和求职动机往往成为职员能否对企业有归属感和高绩效工作的关键。石油企业非常有必要提高招聘质量，以甄选和评估员工的素质能力。石油企业具有高风险、高成本、工作环境恶劣的特点，对企业人员的风险控制能力、团队协作能力、情绪管理能力、执行能力有严格的要求。企业在员工录用之前要运用科学的招聘方法，全面了解员工心理健康风险和员工身体素质情况。2009年开始，Z石油集团公司招聘的新员工表现出素质参差不齐的现象，一部分员工进入单位后出现了绩效表现差、人员和岗位不匹配及人员流失率高的情况。连年的低水平招聘致使人力资源投资受到严重损失，更制约了业务发展速度。

Z石油集团人力资源部门通过构建招聘评价指标体系对过去几年的招聘效果从四个维度进行了分析，结果表明，企业招聘体系存在招聘数量制定不合理、招聘质量逐年下降、招聘渠道和招聘方法单一以及招聘支持工作落后等弊端。建议企业在提高招聘效率方面采取相应的改进措施，以业务导向确定招聘数量；建立大学生培养项目等人才培养跟踪机制，切实提高招聘质量；搭建石油行业招聘平台，拓宽招聘渠道和方法；培训招聘人员专业技能等，对招聘体系进行优化。

9.1.3 招聘评估的分类

招聘评估根据不同角度，一般有以下几种分类。

9.1.3.1 招聘结果的评估

（1）招聘效果的评估

招聘效果是招聘评估的一个核心要素，同样也是难度较大、周期较长的评估，不能在短时期内下结论。招聘的目的是为了获取合适的人才，是否合适体现的是质量的问题，即使招聘的其他相关工作十分出色，如若获取的人选不能达到招聘的要求，招聘的结果也是失败的。只有获取的是真正能为组织带来高绩效的适合的员工，招聘的结果才是成功的。这种评估更多的是考查录用人员的试用期合格率、晋升率等。

(2) 招聘效率的评估

招聘效率体现的是性价比，在讲求效果的同时讲求效率，即用最少的投入获取最合适的员工。由于招聘过程有成本的投入和时间的约束，所以不能只讲效果不讲效率。这种评估主要考查成本与效用，如招聘成本与效用评估、甄选成本与效用评估、录用成本与效用评估等。

9.1.3.2 招聘流程的评估

(1) 招聘流程的评估

招聘流程的评估包括招聘计划的质量、招聘过程的执行效果（数量与时间）、招聘渠道的有效性和招聘总成本效益等方面的评估。

(2) 甄选过程的评估

甄选过程的评估包括甄选过程的质量、甄选方法的效果、甄选考官的能力和甄选总成本效益等方面的评估。

(3) 录用过程的评估

录用过程的评估包括录用过程的质量、录用的成本、安置的成本、新员工培训的成本和录用总成本效益等方面的评估。

9.1.3.3 招聘部门的评估

(1) 对高层管理者的评估

组织的高层管理者是组织战略的制定者、人才战略的确定者、未来人力资源管理方向的把控者，其理念正确与否、政策清晰与否、评估有效与否，决定了招聘的最终效果，有必要对其战略规划、人才配置要求、用人观念、人力资源管理相关政策及实践的力度等进行合理的评估。

(2) 对人力资源部门的评估

在组织的招聘过程中，人力资源部门起着关键的作用，应该从专业的视角来推动整个招聘的管理，对其组织战略理解、人力资源需求规划、招聘流程管理、招聘效果和效率等方面进行综合评估。

（3）对用人部门的评估

组织中的用人部门是招聘的需求方和人员直接使用者，可以对其招聘需求的合理性、招聘质量控制的有效性等方面进行评估。

9.1.4 招聘评估的标准

一次招聘活动成功与否，可以五个标准来判断。

9.1.4.1 准确性

招聘的准确性应从所选用甄选工具的评估内容、合理程度及其与工作性质相吻合的程度来判断，这取决于负责招聘人员是否真正了解空缺职位的要求。例如，招聘高级会计师必须测评会计、统计、金融、资产评估、会计法规等方面的专业知识。

9.1.4.2 可靠性

可靠性是指评价结果能在多大程度上反映应聘者的实际情况，主要取决于甄选方法的效度。例如，测评营销人员的市场营销知识通过面试与知识考试相结合的方法比较可靠，而要了解应聘者的个性特点就应该借助专门的心理测验等方法。

9.1.4.3 客观性

客观性是指对应聘者进行客观的评价，不受主观因素的影响。它包括两个方面：一是招聘者不受个人的偏见、价值感情等主观因素的影响，客观地对应聘者进行评价；二是应聘者不因其社会地位、种族、宗教、性别、籍贯、容貌等因素受到不公正的对待。

9.1.4.4 全面性

全面性是指测评内容是否完整，能否全面反映该职位所必需的技能。要想对应聘者进行全面评价，首先要明确职位任职资格要求，包括职业道德素养、专业素质、身体素质等。专业素质不仅包括专业知识，还包括专业技能及专业领域工作经验等。

9.1.4.5 适合性

适合性是指招聘录用人员与职位需求是否匹配,"合适的就是最好的"。松下公司的招聘理念之一是"招聘70分的人才",再将他们培养成"100分的人才"。招聘活动是否成功最终要看录用人员与职位的匹配度,这将决定他们工作的稳定性、能力的发挥程度以及对组织的贡献度。

9.1.5 招聘评估流程

在招聘工作结束后,人力资源部门应对其进行评估,评估流程包括以下几个阶段:

9.1.5.1 评估准备

评估准备阶段的主要工作是收集各类招聘过程记录、选择评估人员、设计评估方法及评估表单,对于大型招聘工作还需要成立专门的评审小组,制定评审规则。

9.1.5.1.1 收集各类招聘过程记录

这是进行效果评估要做的第一项工作,应收集的各类资料至少包括:

①求职者个人简历;

②求职者学历、职称、身份证;

③多轮面试记录;

④笔试答题卷;

⑤素质测评结果。

9.1.5.1.2 选择评估人员

不是所有人员都具有评估能力,评估人员应具备的能力和任职要求如下:

①是某方面的专家,如财务部门、用人单位代表;

②熟悉组织管理现状及招聘策略;

③受过有关评估技巧方法的训练;

④具有良好的问题识别能力；

⑤具有良好的书面表达能力。

9.1.5.1.3 设计评估方法及评估表单

评估人员确定后，需要根据评估需求设计评估方法及评估表单，此阶段主要工作有：

①设计评估方法，对获得的各类信息进行整理；

②设计评估项目；

③设计评估项目权重及统计方法；

④设计评估过程应用表格；

⑤设计统计结果标准模板。

9.1.5.1.4 成立专门的评审小组

对于大型招聘项目，要成立专门的评审小组，评审小组的主要职责如下：

①负责审核各类招聘过程资料和统计资料；

②组织招聘小组评审会议；

③对人力资源部招聘项目执行情况进行评审；

④对招聘项目完成效果进行评价；

⑤完成评估报告。

9.1.5.1.5 制定评审规则

评审小组要明确评审方法，招聘效果评估评审规则包括以下几个方面：

①输入资料要求；

②评审方法介绍；

③评审流程；

④评审小组异议处理方法。

9.1.5.2 评估实施

9.1.5.2.1 评估模式

评估过程一般采用两种模式：

(1) 评审会模式

评审会模式是指成立专门的评审小组，小组成员按照既定的规则对各类评估事项进行评价。评审会模式的主要优点在于评估事项比较全面，劣势在于需要大量的准备和评估过程管理工作。评审会模式一般适用于大型招聘项目的评估。

(2) 调研法

调研法主要针对用人部门，对用人部门招聘计划的实际完成情况进行调查、评价，调研人员通过对用人部门相关负责人的口头或者书面调查，了解用人部门的评价、意见。

9.1.5.2.2 评估内容

评估内容主要包括以下几个方面。

(1) 核对各类招聘证据

对人力资源部提交的各类证据进行核实，明确招聘职位数量、招聘广告渠道发布情况、简历数量、笔试及面试数量、实际录取人数等信息。

(2) 与用人部门沟通招聘质量和服务

这部分的工作主要利用调研法进行，由评估人员或评审小组与各个业务部门负责人进行沟通，就招聘完成的质量、服务态度、招聘速度、招聘流程执行等情况进行实际的调查。调查应该有书面的调查记录。

(3) 对各类招聘成本的执行情况进行汇总统计

根据招聘成本评估内容要求，由评估人员或评审小组对各类招聘成本的实际发生额进行统计，比照预算额计算差额，并分析其中的原因。

(4) 召开评审会议

大型招聘项目的效果评估，除要完成上述工作外，还要召开专门的评审会议，准备上述评估所需要的各类数据资料，由评审小组对整体招聘效果进行评价。

9.1.5.3 撰写招聘评估报告

招聘效果评估结束后，由评估负责人组织编写评估报告。评估报告应该客观真实，分析存在的问题，并提出改进建议。评估报告一般包括以下内容：

①招聘项目简介；

②阶段性招聘目标及预算；

③招聘效果评估方法；

④各类数据统计分析结果；

⑤招聘成本分析；

⑥招聘效果分析；

⑦存在的问题及其改进建议。

评估报告是招聘总结报告的重要组成部分。

9.2 招聘成本评估

招聘成本评估是指对招聘中的费用进行调查、核实，并对照预算进行评价的过程。它是鉴定招聘效率的一个重要指标。如果成本低，录用人员质量高，就意味着招聘效率高；反之则意味着招聘效率低。

人力资源成本是指取得和重置人员而发生的费用支出，包括人力资源的历史成本和人力资源的重置成本。人力资源的历史成本是指为取得和开发人力资源而付出的代价，通常包括人力资源的招聘、甄选、录用、安置和适应性培训的成本；人力资源的重置成本是指目前重置人力资源应该付出的代价，如员工离开组织就会发生招聘、甄选和培训的重置成本。重置成本既包括为取得、开发一个替代者而发生的成本，也包括由于目前受雇的某一职工的流动而发生的成本。

9.2.1 招聘成本结构

招聘成本是指员工招聘工作中所花费的各项成本的总和，由招聘和录取职工的过程中所发生的招聘成本、甄选成本、录用成本、安置成本、适应性培训成本、离职成本与重置成本等构成。

9.2.1.1 招聘成本

招聘成本是为吸引和确定组织所需的内外部应聘者而发生的费用，主要包括以下几个部分：

（1）直接劳务费

它包括内部招聘人员的直接劳务费用和外部专家的相关服务费。

（2）直接业务费

它包括招聘差旅费、人才中介或猎头代理费、各类媒体的招聘广告费、宣传材料费、办公费、水电费等。

（3）间接管理费用

它包括行政管理费、临时场地及设备使用费等。

（4）预付费用

它是为吸引未来可能成为组织成员的人选而花费的费用，如预先支付的委托代培费或奖学金。

9.2.1.2 甄选成本

甄选成本是指对应聘者进行测评选拔所支付的费用。在某一组织中，甄选成本取决于应聘者类型及招聘方法等若干因素。应聘者所担任的职务越重要，甄选的过程就越复杂，成本就越高。此外，在招聘成本和甄选成本之间通常也须权衡，如果利用具有广泛影响力的宣传渠道公开招聘员工，则审查成本较高；如果利用代理机构招聘员工，可减少审查成本，但将支出较高的代理费。

整个甄选过程，由于方法和人数不同费用也不同，甄选成本还与招聘岗位有关。一般来说，技术人员比操作人员的成本要高，管理人员比一般人员的成本要高。

9.2.1.3 录用成本

录用成本是指经过招聘选择后，把合适的人员录用到组织所发生的费用，主要包括录取手续费、调动补偿费、搬迁费和旅途补助费等。这些费用一般都是直接费用，被录用者职位越高，录用成本也就越高。组织从内部录用职工仅是工作调动，一般不会再发生录用成本。

9.2.1.4 安置成本

安置成本是为安置已录用职工至具体的工作岗位上时所发生的费用。安置成本包括各种行政管理费用、工作必需的装备条件以及时间成本费用等。被录用者职务的高低对安置成本也有一定的影响。

9.2.1.5 适应性培训成本

适应性培训成本是组织对上岗前的新员工在组织文化、规章制度、基本知识、基本技能等方面进行培训所发生的费用。适应性培训成本由培训者和受培训者的工资、培训者和受培训者离岗的人工损失费用、培训管理费、资料费用和培训设备折旧费用等组成。

9.2.1.6 离职成本与重置成本

虽然招聘成本是招聘过程中实际发生的各种费用，但招聘工作只是整个人力资源管理工作的起点，招聘工作质量的高低直接影响着员工的质量及其稳定性。因此，招聘成本也应包括因招聘不慎使得员工离职而给组织带来的损失，即离职成本以及重新再招聘时所花费的费用——重置成本。

9.2.1.6.1 离职成本

（1）离职直接成本

离职直接成本是指那些通过检查记录和准确估计时间与资源就可以被量化的成本。具体包括：由于处理离职带来的管理时间的额外支出、解聘费、离职面谈的成本支出、临时性的加班补助费用、策略性外包成本、应付的工资和福利等。

（2）离职间接成本

离职间接成本是指员工离职所造成的成本，间接成本要比直接成本高得多，具体包括：员工离职导致留下来的员工的劳动生产率降低、替补人员学习过程中的低效、资产的潜在损失、顾客或组织交易的损失、员工士气降低造成的损失、离职员工带走组织的客户或机密造成的机会损失、离职员工离职前工作失误造成的组织形象损失、离职员工离职前忙于找工作造成工作延误的损失等。

9.2.1.6.2 重置成本

重置成本不仅包括重新招聘过程中发生的成本，还包括员工开发的成本以及医疗保健费用。具体如下：

（1）新员工补充费用

新员工补充费用具体包括：职位空缺通告费用、录用前的管理活动费用、录用面试费用、考试费用、集体评审费用、雇用后的情况收集和报告费用、新员工的医疗检查费用等。

（2）新员工培训费用

新员工培训费用具体包括：正式培训中的指导和培训费用、指派员工进行指导或训练费用等。

当然，导致员工离职的因素非常复杂，在离职面谈时，应该尽可能弄清楚员工离职的真正原因。

9.2.2 招聘成本评估的准备

9.2.2.1 招聘预算的拟订

在招聘工作开始之前，应先拟订招聘预算，每年的招聘预算应该是全年员工开发与管理总预算的一部分。招聘预算主要包括：招聘广告预算、招聘甄选预算、体格检查预算、其他测试预算等。组织可以根据自身的实际情况拟订招聘预算。

9.2.2.2 招聘成本的核算

招聘成本的核算是指对招聘经费的使用情况进行度量、计算、审计等的总称，通过核算可以了解招聘中经费的详细使用情况，是否符合预算以及主要在哪些环节上出现差异。核算过程实际上也是对预算的执行情况进行监控的过程。

9.2.3 招聘成本效用评估

招聘成本效用评估是指对招聘成本所产生的效果进行分析的过程，主要包括：招聘总成本效用分析、招聘成本效用分析、人员甄选成本效用分析、人员录用成本效用分析等。相关的计算方法有以下几个。

（1）总成本效用

总成本效用即录用人数与招聘总成本之比。该比例说明实际录用人数与招聘费用之间的关系。此比值越大，则组织花费一定数量的费用后，所取得的效果越好，录用人员也越多；反之则说明组织未能招收到足够数量的员工，总成本效用低。

（2）招聘成本效用

招聘成本效用即应聘人数与招聘期间的费用之比。该比例说明招聘期间的费用支出对于吸引应聘者的效用。该比值越大，则招聘期间费用开支的效用越高，用于不同渠道的费用组合较合理，能够为组织吸引大量的应聘者，组织挑选的余地大，有利于提高录用人员的素质；反之则说明无效的花费较多，资金使用不合理。

（3）甄选成本效用

甄选成本效用即被选中的人数与甄选期间的费用之比。该比例说明甄选过程中资金使用的效率。此比值越低，组织用于甄选的投入就越大，甄选面较广、余地较多，被选中的员工素质较高；反之说明入选人员多，效果不明显，员工素质可能不高。

（4）人员录用成本效用

人员录用成本效用即正式录用的人数与录用期间的费用之比。该比例说明录用期间资金的使用效率。

9.2.4 招聘投资收益评估

招聘工作投入了资金，对其进行的产出评价应该包括投资效益的量化考核。一般来说，新员工充实到组织后，招聘工作基本结束，但从长远来看，招聘是一项具有延续性的工作。新员工入职后，不仅能够完成基本要求的工作，为组织创造出预期的收益，同时随着其创造性潜力的发挥，还能够创造出更大的新价值。

新员工入职后，以其在某职位上所做出的业绩、利润以及通过其他方式进行的绩效考评等方面的结果与历史同期或同行业的标准做比较，来确定招聘该员工的收益价值。

组织招聘投资收益包括招录的新员工为组织带来的直接经济利益、组织产品质量的改善、市场份额增长的幅度、市场竞争力的提高以及未来支出的减少等各方面。另外，招聘广告除了能吸引符合要求的求职者，也能引起部分消费者的关注，在计算招聘投资效益时，有必要对广告的效应加以考虑。

对员工招聘工作可以通过计算招聘收益/成本比来进行整体的评估，这是一项经济评价指标，对招聘工作的有效性进行考核。招聘收益/成本比越高，则说明招聘工作越有效，即招聘收益越大，录用员工对组织的贡献越大，并且说明录用员工的素质较高，招聘效果较好，实现了组织设定的招聘目标。

我们还可以对招聘渠道的效益进行评估，为组织找到最经济、最高效的招聘渠道组合，主要从以下几方面考虑：每种渠道所吸引的应聘者数目，各渠道应聘者的招聘成本，每种渠道合格应聘者的数目，每个合格应聘者的成本，每种渠道来源的应聘者中优秀者的数目。

9.3 录用人员评估

录用人员评估是指根据组织招聘计划和招聘岗位的工作分析，对所录用人员的质量、数量和结构进行评价的过程。招聘工作结束后，对录用人员进行评估是一项十分重要的工作，招聘成本较低、录用人员数量充足且质量较好，说明招聘工作的效率高。在大型招聘活动中，录用人员评估显得十分重要。如果录用人员不合格，那么招聘过程中所花费的时间、精力、金钱就浪费了，只有招聘到足够的合格人员才能说全面完成了招聘任务。一般通过以下几个方面来评估招聘录用人员的数量和质量。

9.3.1 录用人员数量评估

9.3.1.1 录用比

录用比用公式表示为录用人数与应聘人数之比。该指标越小，对组织来说可供选择的人员越多，实际录用者的素质就越高，但同时也加大了组织的招聘成本；反之则实际录用者的素质相对较低。

9.3.1.2 招聘完成比

招聘完成比用公式表示为录用人数与计划招聘人数之比。该指标说明新员工招聘计划的完成情况。如果招聘完成比等于或大于100%，则说明全面或超额完成招聘计划。比率越小，说明招聘员工数量相对不足。

9.3.1.3 应聘比

应聘比用公式表示为应聘人数与计划招聘人数之比。该指标说明员工招聘的挑选余地和信息发布状况。该比值越大，说明组织发布的招聘信息传播得越广、越有效，组织的挑选余地也就越大，招聘信息发布效果越好，同时录用人员素质可能较高；反之，该比值越小，说明组织的招聘信息发布得不适当或无效，组织的挑选余地也相对较小。一般来说，应聘比至少应在200%以上。越重要的岗位招聘，该比值应当越大，这样才能保证录用者的质量。

9.3.1.4 职位选择比

职位选择比用公式表示为计划招聘人数与申请人数之比。该指标是衡量组织对人员选择的严格程度和人员报名的踊跃程度的一个指标。如果为1，表明每个职位只有一位申请人。出现这种情况很难进行有效的选择。比值越小，管理者在选择决策中的可选项就越多。

9.3.2 录用人员质量评估

根据招聘要求或工作分析对录用人员进行等级排列或根据其未来的发展等方面确定录用人员质量。

9.3.2.1 员工录用质量比

该指标是以应聘岗位的工作分析文件为基准所设置的分数等级，以此来考查员工录用的质量。公式表示为员工工作绩效的百分比、新聘员工在一年内晋升的人数占所有当期新员工人数百分比率、一年后还留在组织工作的员工占原招聘新员工数量的百分比三个数之和与指标的个数之比。

该指标只是一个参考值，并不能完全反映新员工的质量，因为绩效和晋升率有时并不是新员工所能够控制的。组织内部复杂的环境导致人才流失或者组织的绩效评价系统不完善等都可能影响到新员工最终的考评结果。但该指标能够部分反映招聘新员工的质量。

9.3.2.2 留职至少 n 年以上新员工的数量或百分比

该指标说明了组织招聘录用人员的适合度及稳定性。一般认为，在组织工作的时间越长，说明该员工接受的培训、通过的考核越多，为组织所做的贡献越大，招聘收益也就越高；反之，说明招聘收益较低，员工稳定性较差，组织不仅要为他们支付离职成本，还要为填补空缺职位而花费更多的重置成本。

9.3.2.3 业绩优良新员工的数量或百分比

该比例说明所招聘的新员工的优秀率。该比例越大，说明新员工总体的素质、能力较强，可能为组织创造更多的收益，组织可以根据新员工的历史资料对其进行最优安排，且选择余地较大；反之，说明所录用的新员工的能力可能不强或者缺乏相关的经验，从而影响招聘收益。

9.3.2.4 新员工晋升的百分比

该指标说明所招聘新员工获得晋升的比例。该比例大，说明新员工的综合素质高，潜力发挥充分，对组织的贡献度大，录用员工的质量也较高。

9.3.2.5 应聘者中被录用且业绩突出员工的百分比

该指标反映新员工被录用后的实际工作表现，具有较强的说服力。新员工通过实际业绩表明其为组织创造的价值，反映招聘工作的效果，并可据此对招聘人员进行奖励。

9.4 招聘工作总结

招聘工作总结是对整个招聘工作进行记录以及相应的分析。该阶段主要通过撰写总结报告，来对招聘工作的全过程进行记录和经验总结，并对招聘活动的结果、经费支出等进行评定，主要内容有招聘计划、招聘进程、招聘结果、招聘经费、招聘评定、经验总结等。

9.4.1 招聘总结撰写原则

撰写招聘总结应遵循以下几个原则：

9.4.1.1 真实客观原则

真实、客观地记录下招聘的全过程，不掩盖缺点和不足，不夸大成绩，便于进行各次招聘的比较。

9.4.1.2 突出重点原则

招聘总结的重点在于总结经验，应该明确指出成功之处和不足之处，便于之后招聘工作的开展，进一步提高效率。

9.4.1.3 简洁明了原则

招聘总结需要向有关领导和相关招聘人员及时反馈，报告简洁明了有利于提升反馈的有效性。

9.4.2 招聘工作阶段性总结

组织的招聘工作需要时间，有的组织甚至常年都在招聘，相关工作人员要通过招聘周报或月报等形式进行阶段性总结，定期向组织领导和有关部门汇报工作进展，总结存在的问题，以及时调整、解决招聘工作中存在的问题，更好地完成招聘工作任务。

阶段性的招聘工作总结汇报一般包含以下几项内容：

（1）招聘目标完成情况

这是组织领导和用人部门最关心的问题，也是招聘工作的重心所在。这里的招聘目标完成情况，不仅应该反映当前的实际完成情况，还应对照招聘计划对招聘目标实现的可能性进行动态预测，其实质是要对招聘的进度进行有效管理。如果招聘目标无法按时完成，可以提前找出差距、分析原因、改进措施，以确保招聘目标的实现。

（2）人员招聘和甄选情况

招聘工作人员要统计和整理每个时间段（如一个月）不同招聘渠道的应聘人数、甄选合格人数以及录用报到人数等基础数据。通过这些数据的分析，发现不同招聘渠道的效果和差距，为招聘工作人员改进招聘策略提供依据，从而改进整个招聘工作。

（3）招聘工作人员的投入情况

这里的投入情况主要是指招聘工作人员的工作量，如投入招聘工作的人数以及这些人在简历甄选、面试通知等工作上花费的时间。这是对招聘工作人员进行绩效评估的依据，也是最后进行招聘成本分析的基础数据。

（4）对已做工作、下一步打算以及工作中的困难等进行评估

这里主要指的是招聘工作人员已经做的和即将要做的工作，反映的是

招聘工作计划的执行情况，是对日常招聘工作的简单回顾和展望。在实际招聘中，招聘工作人员经常会碰到一些个人无法解决的困难，这时就需要及时向有关领导反映，请求协调和解决。

9.4.3 招聘工作总结

招聘工作结束后，招聘负责人要对整个招聘工作的有关记录和数据进行相应的分析，总结招聘工作计划的执行情况，核算招聘费用，对照招聘工作目标撰写工作总结。招聘工作总结一般包含以下内容：

（1）招聘计划

其对招聘计划进行说明，包括招聘计划的来源、招聘计划的具体内容、计划是否有变更等。

（2）招聘进程

其主要描述招聘工作的日程，包括招聘计划是如何安排的、实际招聘工作的执行情况等。

（3）招聘结果

其说明招聘的最终结果，包括招聘的实际人数、招聘计划完成率、录用人员到位情况等。

（4）招聘成本核算

其对本次招聘的成本进行详细核算，如招聘费用计划、具体招聘费用、最终核算结果等情况。

（5）招聘评定

其分析整个招聘工作中的得与失（即做得好的地方和需要改进的地方），以吸取教训、改进工作。

<u>思考题</u>

1. 招聘评估有何意义？

2. 招聘评估的整体流程包含哪些步骤?
3. 招聘成本评估包含哪些衡量指标?
4. 录用人员质量评估与数量评估的方法和指标有哪些?
5. 招聘工作总结报告一般包含哪些内容?

10 新兴技术与招聘管理

学习目标

1. 了解 VR 大数据测评技术的背景、实施、结果解释和应用领域
2. 了解 VR 大数据测评在企业人才发展和学校人才培养方面的应用
3. 了解当前市场上的智能化招聘机器人

名言指路

苟利于民不必法古,苟周于事不必循旧。

——《淮南子》

满眼生机转化钧,天工人巧日争新。

——清·赵翼

10.1 基于 VR 的大数据测评技术

10.1.1 VR 大数据测评背景

10.1.1.1 宏观背景

2019 年 11 月 6 日,国家发展和改革委员会修订发布了《产业结构调整指导目录(2019 年版)》,面对新时代的新要求,以深化供给侧结构性

改革为主线，将十九大报告特别点名的行业，即人力资源服务业列入鼓励类第46项，并提出七项具体内容，七项内容中，将"人力资源与人力资本信息化建设"作为首要任务，并将"人才测评""人力资源培训""人力资源信息软件服务"作为重要抓手。众所周知，互联网时代的核心是"链接"，AI时代的核心则是"判断"。AI必须依赖大数据，而将大数据技术应用于人才测评，是利用大数据的根本和核心。

10.1.1.2 技术背景

大数据测评技术是近年来前沿的技术革新成果之一，是现代科技测评的里程碑。该技术解决了传统测评技术媒介单一，AC测评中心数据效率较低的问题；解决了笔试测评中重认知轻行为、单一枯燥，模拟测评中社会期许、假设伪装，以及当前测评技术结果判定大都依赖专家经验、评估师主观判断等问题。该技术也成为中国人力资源开发研究会人才测评专业委员会近年的研究话题。

大数据技术对人力资源管理带来革命性冲击，数据相对集中的人才测评及选拔领域受到的影响尤为明显。大数据背景下，出现三个理念上的转变：分析与某事物相关的所有数据，而不是依靠分析少量的数据样本；接受数据的纷繁复杂，而不追求精确性；不探求难以捉摸的因果关系，而关注事物的相关关系。以"看似不相关，其实强相关"的基本逻辑去研究，也就是说，从因果关系到相关关系的思维变革才是大数据测评的关键，建立在相关关系分析法基础上的预测才是大数据技术的核心。

基于此，北京潜质大数据科学研究院联合美国斯坦福大学、杜克大学等，在1 300万企业实证研究数据和多所高校大量学生深度访谈基础上，结合冰山素质模型研发出VR大数据测评系统。基于3E Model系统模型的相关线上、线下科技产品已服务于国内100多家企业、近100家高校，拥有2 000万以上的多元异构的数据量，与之配套的知识产权近100项，并通过国家知识产权GB/T29490—2013标准认证。目前已联合中国人力资源开发研究会人才测评专委会等测评界的权威组织开展普及和联合研究工作。

该平台成功融合 VR 场景高仿真、高沉浸感的特点，解决了多元异构数据采集的难点，将文本、语音、行为、时间、空间、生理等多元异构数据通过 VR 进行科学的采集。其结合了大数据处理和分析理论、工具和算法，是大数据测评技术诞生以来首款具有应用价值的系统平台，稳定成熟，科技含量高、学科交叉度高、领域关注度高。

图 10 - 1 为 VR 大数据测评场景。

图 10 - 1　VR 大数据测评场景

10.1.1.3　环境要求

硬件环境：Pico，G2，4K 高清，Plus；42 寸一体机投射系统。

软件环境：GPCA 大数据现代测评系统 V2.1。

系统环境：无线连接互联网，评估数据云管理系统 V2.3。

图 10-2 为 VR 大数据测评系统环境框架。

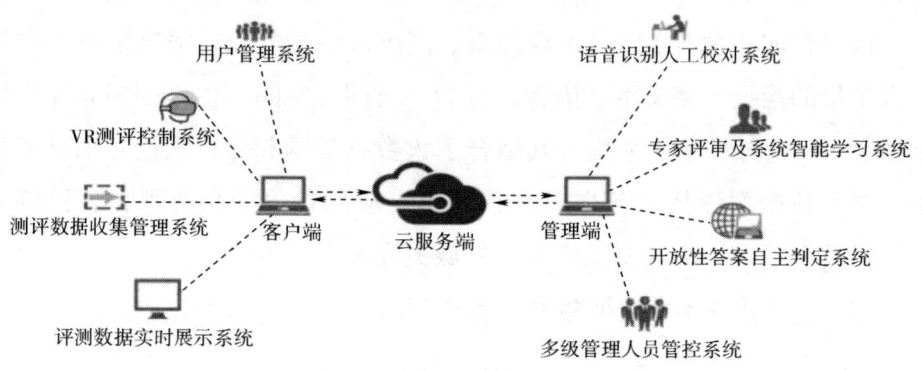

图 10-2　VR 大数据测评系统环境框架

10.1.2　VR 大数据测评的数据采集

VR 就是虚拟现实技术（virtual reality）。所谓虚拟现实，顾名思义就是虚拟和现实相互结合，是一种可以创建和体验虚拟世界的计算机仿真系统。虚拟现实技术集计算机、电子信息、仿真技术于一体，其基本实现方式是利用计算机生成一种模拟环境，从而给人以环境沉浸感。

基于 VR 设备的数据采集，就是利用 VR 设备获取用户行为分析数据的一种方法，主要通过 VR 设备实时获取用户的头部、手臂等坐标数据，建立数据集，进行轨迹还原，从而得到用户的行为轨迹，利用数据建立模型，实现对用户行为状态的分析。下面为利用 VR 技术采集大学生数据进行潜质评估的示例。

10.1.2.1　第一步：检测调试设备

检测潜质评估与开发中心设备，确保正常运行；根据测评要求，安装测评软件，并校对调试 VR 设备。

图 10-3 为大数据评估与开发中心，图 10-4 为 VR 设备调试。

图 10-3 大数据评估与开发中心

图 10-4 VR 设备调试

10.1.2.2 第二步：评估适应

为了保证测评能够给大学生带来更好的体验，真正有效地实现通过大数据评估与发展大学生潜质的目的，潜质评估与开发中心还专设系统适应评估区。在此区域，大学生可以办理中心系统登录手续；欣赏精美、有趣、富启发意义的领导力潜质动画；通过有趣轻松的 VR 小游戏调节状态，从而获得更好的体验，等等。

图 10-5 为系统适应区。

图10–5 系统适应区

10.1.2.3 第三步：开展测试

用户使用 VR 设备进行大数据测评。图 10–6 为大数据评估区域，图 10–7 为测评过程与虚拟情景。

图10–6 大数据评估区域

图10–7 测评过程与虚拟情景

10.1.2.4 第四步：生成测评报告

根据 VR 设备收集的数据，利用数据分析模型进行数据分析，生成个人测评报告和群体测评报告。图 10-8 为测评结果报告。

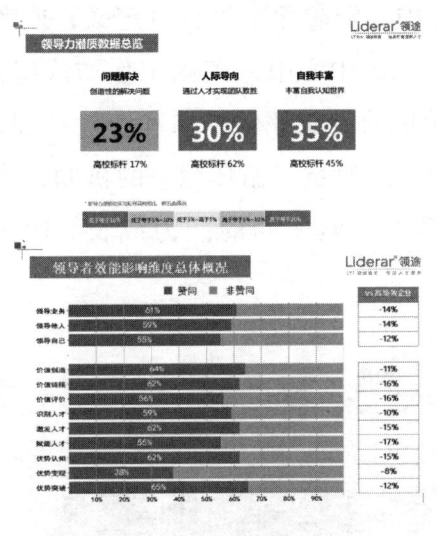

图 10-8　测评结果报告

10.1.2.5 第五步：测评报告分析

通过个人报告解析，可以对用户个体的探索力、共情力和创解力的水平进行分析评价；通过群体报告，可以分析施测群体的优劣势，并据此提出相应的管理建议。图 10-9 为测评报告解析。

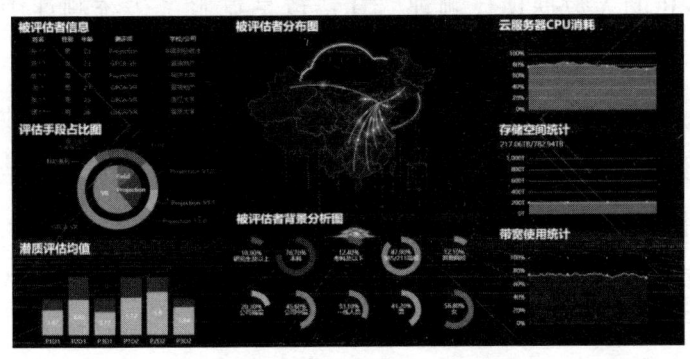

图 10-9　测评报告解析

10.1.2.6 第六步：基于评估结果的引导式开发

云中心对大学生进行动态分析，教学研发区还可以进行相应的课程环节组合选择与课程内容调整，既可以根据中心系统推荐的方案优先级进行选择，也可以在中心资源库中进行自定义，或者提前添加课程需求来申请中心的课程资源。中心引入美国工作坊式组内共同学习的概念，云中心系统将依据学生的潜质评估结果和个性特征进行匹配互补分组，整个培养过程将形成多组对抗、循环竞争的机制，以此来促进大学生的团队合作，突破自我，探索未知的能力成长。图 10-10 为引导式开发区。

图 10-10　引导式开发区

基于 VR 的大数据现代测评，其特色是克服了传统测评中社会期许效应影响，测评过程枯燥单调，测评结果数据单维等局限性，利用类游戏高沉浸感的方式，在情景体验中以近乎无被测感的情况下收集大量认知、行为和生理等多维有效数据。每个测评设备都自成 AC 中心，并均可进行多种形式和维度的加权测评，测评生动、客观、无感、有趣。数据形式的多维性决定了数据分析的高难度和技术高新程度。VR 大数据测评技术不同于传统测评的标准答案比对分析，必须利用人工智能评分系统进行一系列的数据分析和处理，生成测试结果报告。

10.1.3 VR 大数据测评的特点

相对于传统问卷、量表，基于 VR 的大数据测评技术，具有诸多特点，具体如下：

10.1.3.1 减少社会期许效应

传统的问卷、量表测评，存在较为显著的社会期许效应，比如，你是一个有爱心的人吗？选项有：非常同意，同意，不确定，不同意，非常不同意。面对这样的题目，绝大多数人会选择前两个，因为这里面有一个社会期许效应。人们都希望自己是一个有爱心的人，这是社会所呼唤的。但是这种传统测评测出来的实际上是"想象中的自己"，未必是真实的自己。如果测评时收集上来的原始信息是不准确的，那么很难保证最后测评结果的可靠性。而基于 VR 的大数据测评可以很好地避免此类效应，比如面对同样的问题，当被试者带上 VR 眼镜以后，看到一个老人在路边摔倒了，这个时候看被试者的表现就可以了，VR 眼镜具有行为捕捉功能，我们可以根据大数据去判定这个人的爱心状况，而被试的动作是无法伪装的，被试的反映是自然、真实的，没有经过加工处理的。这种真实数据是大数据测评最重要的组成部分，避免假面效应是 VR 大数据测评的第一大特点。

10.1.3.2 场景多维性

我们知道，提高测评信效度的一个有效方法是多场景测评，即在不同的场景下对测评的某些维度进行不同侧面的观察、对比、分析。而传统的问卷、量表测评，存在测评场景单维的问题。所谓单维，一方面是说通过问卷、量表测评，核心是测评学生的认知层面，信息很单一；另一方面是说学生只在一个环境下开展测评，如在一个指定的教室，无法实现测评协同。而基于 VR 的大数据测评可以很好地避免此类情况，VR 大数据测评收集到的信息不仅包括认知层面，还包括行为层面、生理层面、语言层面、时间信息、位置信息等，VR大数据测评技术的一个测评系统至少包括三种不同的场景，三种不同的场景就是三种不同的测评环境，通过不同的环境去激发和测评一个人，相互验证，互为因果，稳定关联，这本身就是提高效度最好的办法。

10.1.3.3 测评客观性

传统的问卷、量表测评存在主观判断、依赖专家的问题。有专家参与测评自然是好事，但依靠人的判断也有弊端，容易会受到主观（如情绪等）因素的影响，如何把好事做得更好，既有专家的水平，又避免可能的错误、情绪、被影响？基于VR大数据测评技术正在解决这个问题，通过大量的动态标定大数据对神经网络系统模型进行训练，训练出用于测评数据处理和测评结果判定的人工智能系统，然后通过程序和计算支持数据处理和测评结果判定，避免人的情绪等的影响，测评更加公正，更加客观，更加科学。

10.1.3.4 测评公平性

传统的问卷、量表测评是有标准答案的，在测评中如何防作弊成为一个很关键的问题。在很多人才面试中，存在很多答题技巧，被试者为了拿高分，甚至报辅导班，人才测评最后变成了应试，成了考官和被试之间的斗智斗勇，这个肯定不是人们想看到的结果。基于VR的大数据测评技术，通过VR场景，采用类游戏的方式，测试过程中无对错之分，没有标准答案，只有高低的不同。大数据自学习算法会对已有常模进行动态更新和调整，这种测评技术不需要防作弊，大大减轻了测评负担。

10.1.3.5 测评趣味性

传统的问卷、量表测评是基于假设和想象的，存在枯燥、体验感差的问题。一些场景类题目，被试者需要先读完一段材料，之后根据材料作答，而被试者需要先想象测评题目中给出的场景，假设自己在这样的场景下该如何做。另外，很多专业的问卷，问题动辄达到200道，做到最后人们其实已经无感了，甚至很烦躁。基于VR的大数据测评技术有效解决了上述问题，通过VR，采用类游戏的方式，所有场景都在眼前，不需要想象，不需要假设，同时，类游戏的设置使测评生动有趣，可让人沉浸其中，一边玩一边完成测评，实现了测评于无形、寓测于乐。

10.1.3.6 数据集成性

基于传统问卷、量表测评构建AC中心成本很高，很多单位和组织是很难做到的，而基于VR的大数据测评技术，每一个VR设备可自成一个AC中心，里面包括多种测评方式，比如类角色扮演、准公文筐处理、类无领导小组等。这使得传统上很难做到的AC中心成为可能，且成本大大降低，最简单的AC中心可以是一台VR一体机、一个显示系统，甚至一套大数据测评软件即可构建初级AC。

10.1.3.7 大数据量级

基于传统的问卷、量表测评很难做到大数据所要求的数据量级，一套问卷或量表，采集到的数据条数是有限的，一个人一次测评大概在100~200条，而基于VR的大数据测评技术，目前每次测评可以采集到的数据在2 000条以上，是传统测评的10~20倍，相对于传统测评是指数级增长，可以真正做到大数据测评所要求的"海量数据"。同时，通过二次开发，数据量可以在原有基础上再次增加，达到10 000条以上，实现指数递增。

还有一点值得注意，通过增加数据量，专业人员可以构建新的人才测评模型，新的人才测评模型通过大数据验证可以产生新的应用。这解决了传统测评一套问卷只测一个方面的问题，即避免了传统测评中数据利用效率低的现象。这种测评技术融合了心理学、管理学、组织行为学、教育学、计算机、云计算、大数据、图形处理、VR技术、Python、人工智能等学科，属于典型的跨界、交叉、融合技术。

10.1.4 VR 测评大数据分析

10.1.4.1 VR 测评大数据分析的步骤

VR 测评大数据系统主要包括如下步骤：

（1）数据预处理

此阶段主要是去除不完整、含噪声和不一致的数据，缺失值处理、噪声数据和离群点的清洗，提高数据的一致性、准确性、完整性、可信性和可解释性。

（2）数据再提取

此阶段主要是客观选项数据、操作时间数据、行为轨迹数据、语音文字数据，提取语音数据中的音色、音调、响度、周期、波长、频率、振幅、相位、声压、声强等特征；对于眼睛关注点数据、手部操作数据等多维度数据以及时间数据、空间数据，分别按照约定格式存储，如图 10 – 11 所示：

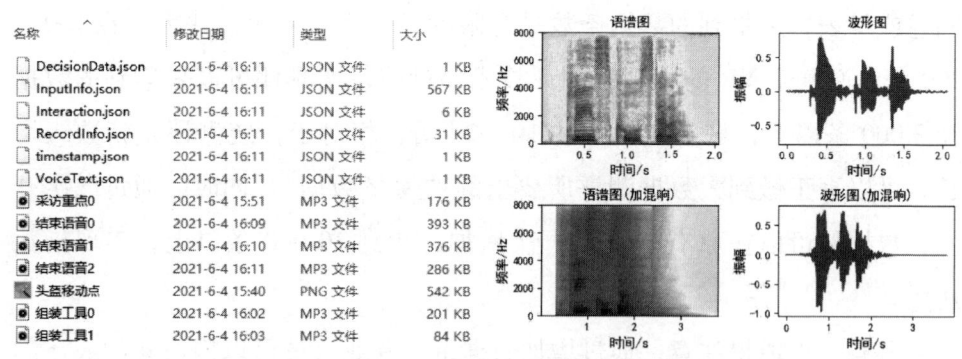

图 10 – 11　语音谱图处理过程及多元异构数据样例

（3）运用多算法处理

此阶段利用设定算法、人工智能模型进行运算处理，融合多种数据处理结果。

（4）数据收集和分析测评

此阶段基于前期处理结果和相应的大数据库特征分布情况，调用相关进程和服务，出具个性化报告，为数据采集、数据处理到报告生成的过程。

图 10 – 12 中，底层是基于知识图谱的多维属性关联技术和基于不确定性分析的多维属性判定技术构建第一层面的专家系统；基于人工智能系统构成的第二层面决策系统；基于数据挖掘和分析技术得出的显性关系判别构成的第三层面映射系统；三个系统有机结合 + 动态调整，构成测评系统。同时，基于 Python + Docxtpl 的报告生成系统和基于 Python + Pyecharts 搭建的大数据可视化展示系统为整个系统的输出提供了良好的技术支持。

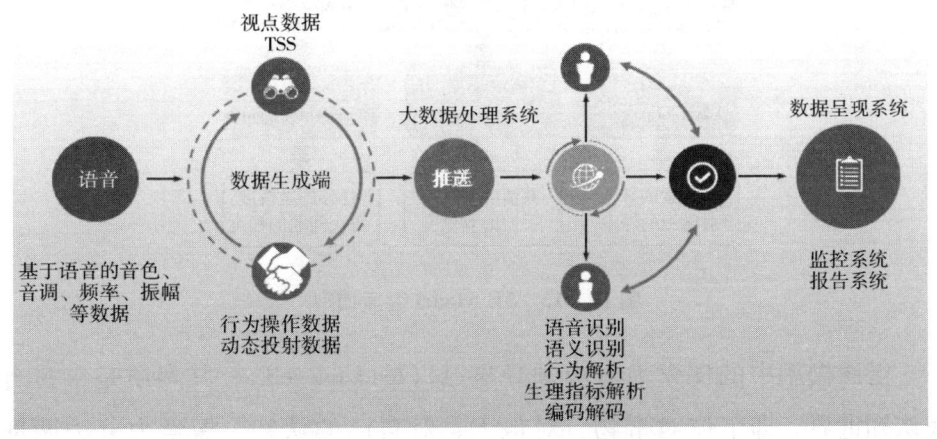

图 10 – 12　数据收集及分析过程示意图

基于 VR 的大数据分析，可以形成有针对性的个体报告和群体报告，为专业化的报告解读和个性化培养方案的制订提供数据基础。VR 测评具有生动有趣的类游戏化体验，紧跟科技发展前沿，运用多维大数据分析和人工智能处理技术，可大大提升测评的体验感和兴趣度，整体提升参与度、好感度；同时，对于体验的数据，由于是第一手数据，科研价值和分析价值高，对其分析研究形成的结果、论文的质量也同样较高。

10.1.4.2 VR大数据测评潜质理论分析模型

VR大数据测评的理论基础是利用大量本土化的数据,融合麦克利兰冰山素质模型,结合两个世界级VR实验室新的研究成果(斯坦福大学的VHIL实验室,杜克大学的DIVE实验室),通过大量的理论研究和实证数据验证(40年长期跟踪L计划),并深度结合国家人才发展规划战略而形成的。北京潜质大数据科学研究院(PRI)是一家从事潜质的理论研究与实践研究的科研机构,结合质性研究和量化研究的方法,构建出了3E Model潜质模型,3E是指Exploration、Empathy、Enlightenment,分别代表探索力、共情力和创解力,具体见图10-13:

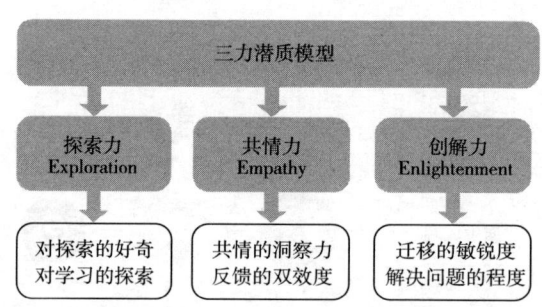

图10-13　3E Model潜质模型

潜质模型中的探索力对应领导自己(lead oneself),其本质是丰富自我认知世界,即个体对事物、对他人、对自己的认知。探索力分为两部分:对探索的好奇和对学习的探索。

潜质模型中的共情力对应领导他人(lead someone),其关键是同理对方并给对方带来积极影响。共情力由两部分组成:共情的洞察力和反馈的双效度。

潜质模型中的创解力对应领导业务(lead something),其核心是基于解决问题的跨领域思考。创解力包括:迁移的敏锐度和解决问题的程度。

10.1.5 在校大学生测评报告解读

VR 大数据测评技术的一个重要应用场景是大学生职场领导力潜质评估。大数据分析研究发现，一个人的职业发展（主要是指职位晋升）中，专业方面的知识技能起到的作用占 20%，职场领导力起到 80% 的作用，包括自我认知的能力、有效共情他人的能力、创造性解决问题的能力。然而，对于将要走入职场的大学生而言，如何尽快适应职场、成功转变角色，并在整个职业生涯中得到快速发展、实现自身价值，是其最关注的问题之一。职场领导力潜质测评旨在帮助大学生发掘探索力、共情力和创解力这三个潜在的能力，潜质评估的过程是发现自身优势的过程，是排解迷茫的过程，也是提升核心竞争力的过程。大学生的测评报告可以结合领导力潜质开发和职业生涯规划课程使用，通过翔实的测评数据指引学生未来的职业发展。

下面就以某大学生的职场领导力潜质评估报告为例进行解读。

10.1.5.1 综合测评结果解读

该报告基于 3E Model 的大学生职场领导力评估，主要用于判断大学生的职场领导力潜质，综合结果如图 10-14 所示：

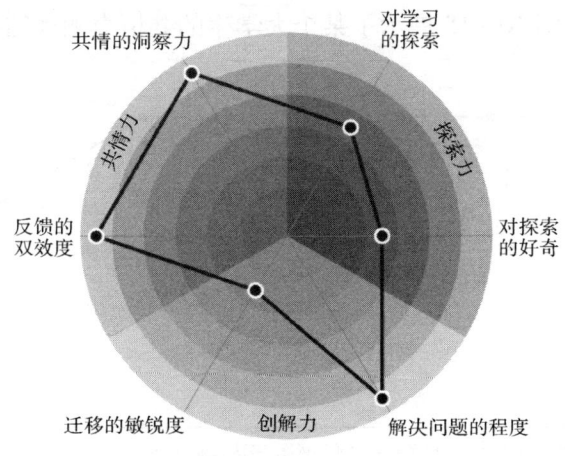

图 10-14 评估结果综合描述

从图 10-14 可以看出，在该学生的职场成长画像中，其共情力、探索力、创解力三个职场领导力发展不均衡。该生在共情力方面潜质较高，在探索力和创解力方面表现一般；该生两个表现一般的潜质项又有较大区别，其中探索力的两个子维度均处于中等水平；但是在创解力方面，解决问题的程度得分较高，和共情力得分处于同一水平线，而迁移的敏锐度得分很低，是所有六项子维度中最低的一项；该生的共情力是职场成长潜质中的优势方向，可以作为个人的优势继续放大，可充分发挥；探索力两个子维度都比较低，属于个人劣势项，以后职场中可以考虑有意识避开本潜质项相关的工作方向；创解力现在处于较低水平，但是本潜质项具有较大提升空间，可以通过后期有意识的学习历练得以提升，假以时日会有很大改变。

10.1.5.2 共情力测评结果解读

共情力需要从三个层面进行解读和理解，分别是整体层面、层级层面、发展层面。整体层面是指从整个得分状况上来分析，了解共情力所有八个层级上的得分总情况；层级层面是指所有层级的个体得分，以及每个层级得分对其他层级的影响；发展层面是在了解了自己在这个潜质项以及每个层级得分的基础上，发现短板及关键阻碍点，进行有针对性的提升发展，以起到事半功倍的效果。图 10-15 展示了某个大学生的共情力测评结果。

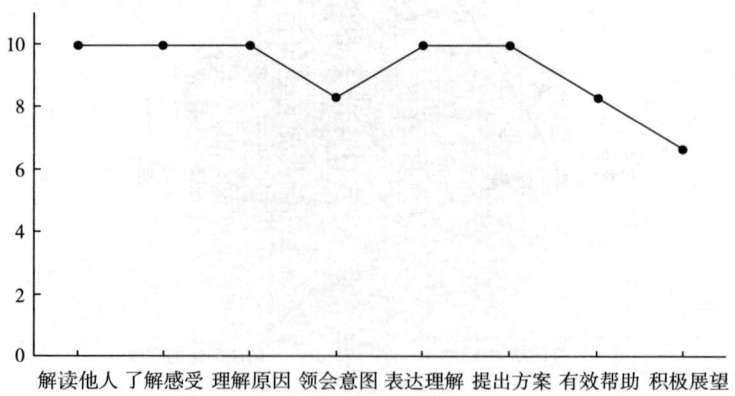

图 10-15 共情力得分概览

从图 10-15 可以看出，从整体层面上来看，该生在共情力这个职场成长潜质项方面处于较高潜质水平，同时本潜质项也是该生的优势潜质项，那么本潜质项就要从发挥优势方面解读；对于本潜质项，评估报告中给的解读是"能够自然而然地表现出对他人的关怀，有能力化解尴尬"，对于这句话，既是点评，更是要求，要充分发挥优势，自然而然展示你的关怀和帮助，巧妙化解尴尬的场面。

在层级层面，从图 10-15 可以很明显地看出，该生在解读他人、了解感受、理解原因这三个认知层面上得分很高，在领会意图这个认知能力上还有提升空间；在行为层面上，该生在表达理解、提出方案上得分较高，但是在有效帮助和积极展望两个方面的得分逐渐降低；这里面显示了问题所在，认知层面是在于领会意图，行为层面首先要打通有效帮助。

在发展层面，需要在了解图 10-15 潜质项概况的基础上，结合下面的潜质层级进行更深层次解读，主要针对上面的领会意图层级和有效帮助层级。

图 10-16 为领会意图层级分析。

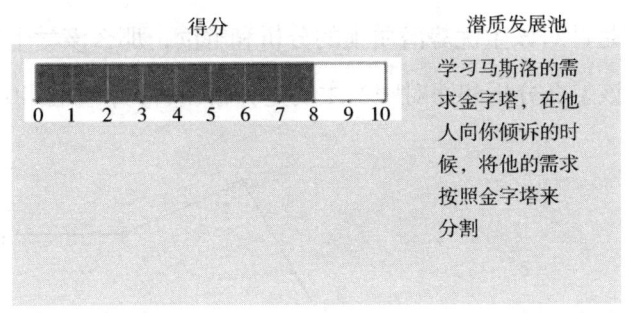

图 10-16　领会意图层级分析

对于领会意图层级，在分数较高基础上，怎样才能在领会意图方面做到更精确明了？潜质发展池定制化地给出了较好建议："学习马斯洛的需求金字塔，在他人向你倾诉的时候，将他的需求按照金字塔来分割。"

图 10 – 17 为有效帮助层级分析。

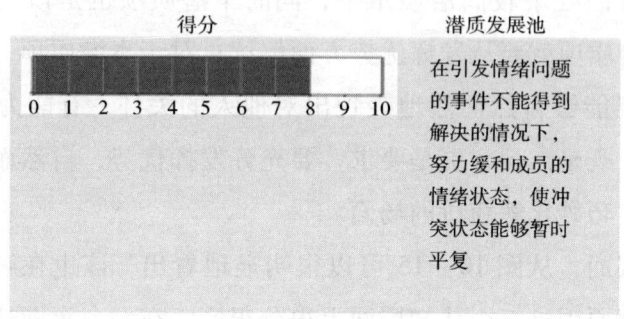

图 10 – 17 有效帮助层级分析

对于有效帮助层级,该生得分也处于较高水平,那么针对这一水平而言还能做哪些才能给予别人更多帮助呢?潜质发展池给予了一定建议,比如"在引发情绪问题的事件不能得到解决的情况下……"这句话是一个例子,教给你处理问题的另外一种思路,尝试以不同的思路给予别人帮助,比如先聆听对方讲话会达到意想不到的效果。

10.1.5.3 创解力测评结果解读

上面主要是针对该生优势潜质项的分析和解读,那么该学生具有提升空间的劣势潜质项该怎么分析和面对呢?主要是分析创解力,如图 10 – 18 所示:

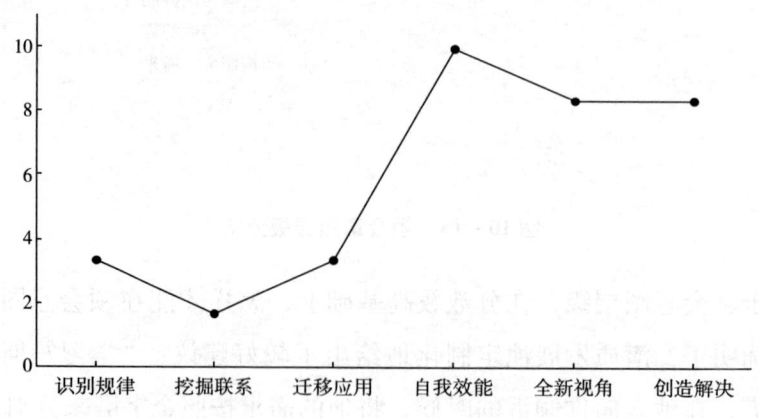

图 10 – 18 创解力得分概览

针对图 10-18，也需要从整体层面、层级层面和发展层面进行解读和理解，但是这三个方面又与优势潜质项的分析方法以及处理方法有所不同。

从整体层面来看，该生在创解力这个职场成长潜质项方面处于中等水平，同时本潜质项也是该生的劣势（提升空间大）且是较易提升的潜质项，看本潜质项要从补齐短板方面解读；首先从图 10-18 可以看出，创解力潜质项中解决问题的程度得分较高，但是迁移的敏锐度子维度得分很低，所以想要补齐短板，首先要从迁移的敏锐度着力。

在层级层面，从图 10-18 可以很明显看出，该生在识别规律、挖掘联系和迁移应用方面相当低，同时不像是一般规律那样：挖掘联系得分高于迁移应用得分。在本子维度中，得分高低没有绝对的逻辑规律，同时在创解力潜质项中，又违反了认知层面较高才会在行为有更好表现的一般规律。这说明该生认知层面得分较低很可能是因为没有系统地学习训练，而不是本身能力不够的问题，所以该生通过系统的学习和训练后，本潜质项的提升潜力会非常大。

结合上面分析的层级得分表现，在发展层面首先要在得分低的层级上分别训练再加上系统整体培训。面对这种情况，该生可以参照分维度解读中的潜质发展池建议（见图 10-19）进行训练，有了一定基础后再求助于专业的教师进行系统培训。

图 10-19 中，项目是潜质项中对应的层级名称；潜质现状是对该潜质项层级的现状描述，得分是该层级得分现状，潜质发展池是该生本层级现状下比较有效的一些提升方法。该生只要参照这些提升方法坚持锻炼，就可以得到有效的提升。

10.1.5.4 VR 情景的反馈检验

VR 作为情景模拟的技术，可以通过情景反馈，交流测评结果，通过这些表现和解读，可以让该生在解读报告过程中回忆起体验的一些细节，让学生与报告内容产生更多的情感连接，更容易理解和执行报告的提升建议。

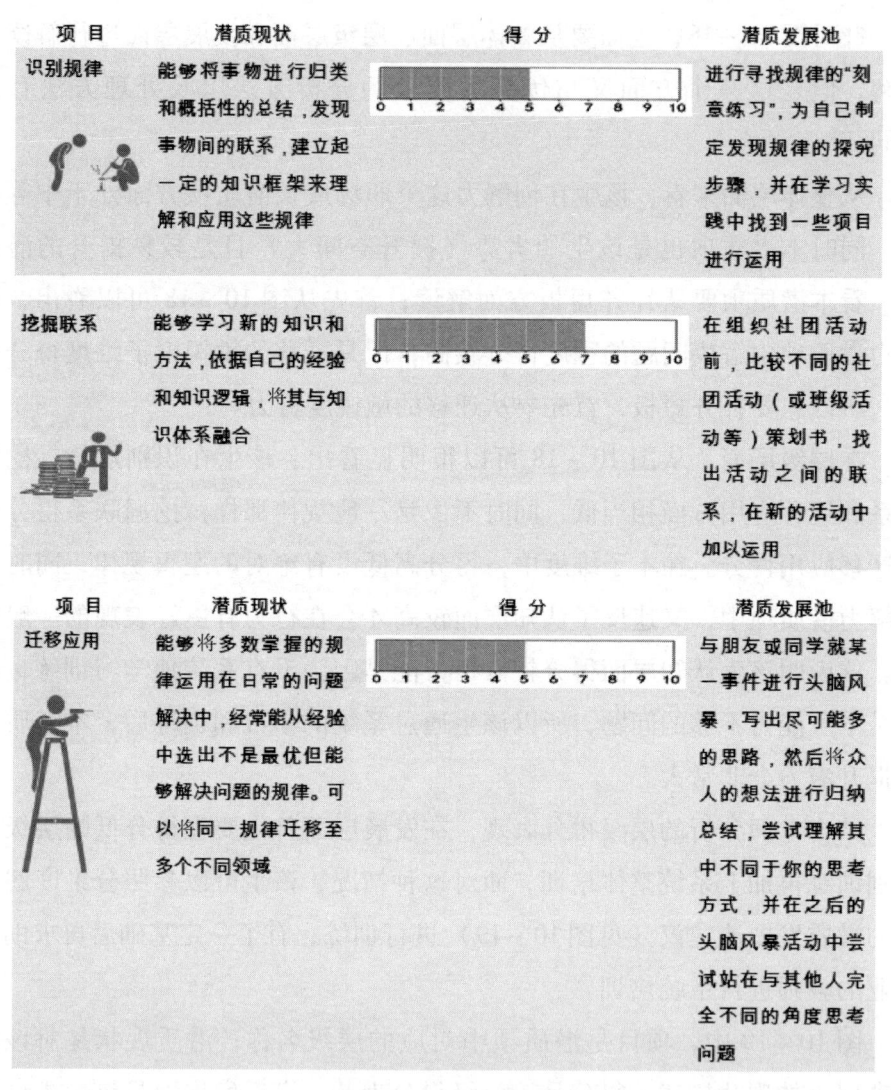

图 10-19　潜质发展池

图 10-20 中,包含了 VR 探索行动轨迹、VR 配置解药环节得分、VR 抓凤尾鱼环节得分三个图,是展示该生在 VR 体验环节中一些操作真实表现。这些表现会映射该生的得分,更为重要的是,每个场景下对某些特定的考察点进行往复考察,实现一个考察点多场景下测评,让被试加深对测评报告的理解和应用。

10 新兴技术与招聘管理

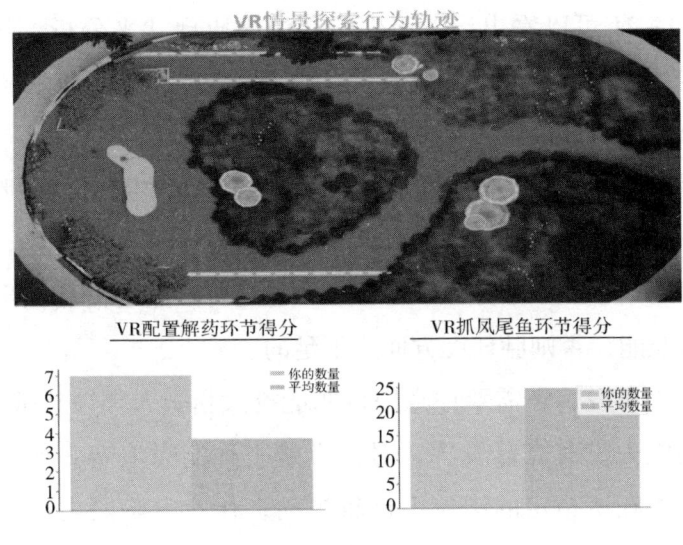

图 10-20 情景反馈检验

10.1.5.5 岗位职能推荐

人工智能大数据报告分析系统可以根据该生的潜质表现和潜质层级得分进行计算和对比分析,给出该生在以后的职场中更能发挥自身优势的岗位定位和职能推荐(见图 10-21),并对推荐的岗位定位和岗位职能给出胜任指数和挑战指数。这个推荐需要从三个方面解读:

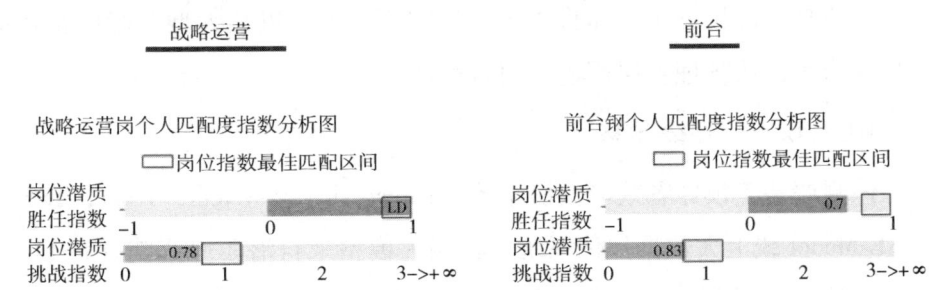

注1:图中的匹配度为潜质得分与数据库中岗位潜质标准线自适应精准匹配后得到
注2:指数最佳匹配区间为此层级/职能所需潜质与你的潜质得分的适宜匹配范围

图 10-21 岗位定位和职能推荐

从图 10-21 可以看出,以该生现在的潜质现状来分析,其从事战略运营岗位定位中的前台职能更能够发挥自身优势,取得较好成绩。(这个前台并非公司门口的前台,具体可以查看报告说明)

对于该生来说,现在的岗位定位和职能推荐并非绝对能够胜任,只是相对而言是最合适的,有潜质的。该生在前台这个岗位职能中,胜任度只有 0.7,达不到岗位指数最佳匹配区间,这说明该生还需要做出一些提升才能胜任该职能,否则胜任度方面是不足的。

对于该生来说,还需要注意岗位职能挑战指数,岗位挑战指数太小,说明该生的能力没有充分发挥,对该生是一种能力浪费。如果挑战指数太高,则该生在所指定的岗位中比较被动,在一定阶段内可能会挫伤个人的积极性和上进心;一般处于岗位最佳匹配区间最好。该生的岗位定位和职能推荐上挑战指数都处在最佳挑战指数左部边缘,说明该生在岗位定位和职能推荐上都能够比较轻松应对,相对来说存在能力的浪费,也说明该生可以在潜质提升后,进行更具挑战的岗位定位和职能推荐才是最好选择。

10.1.6 企业员工测评报告解读

上述是对高校学生个体报告进行的解读。下面以某大型互联网企业群体报告为例,从管理者层面进行报告解读。

10.1.6.1 层级分析

该测评基于领导者效能调研系统(trilead survey system,TSS),TSS 作为 3E Model 线上大数据评估系统,其测评模型来自潜质研究院(PRI)自主研发的 Trilead Model。该模型主要应用在企业各层级领导者,从领导业务、领导他人、领导自己三个方面,全景扫描企业各层级、各部门的领导者效能现状,通过数据和样本对标,分析领导者的所作所为对企业绩效和人才的影响,见图 10-22。

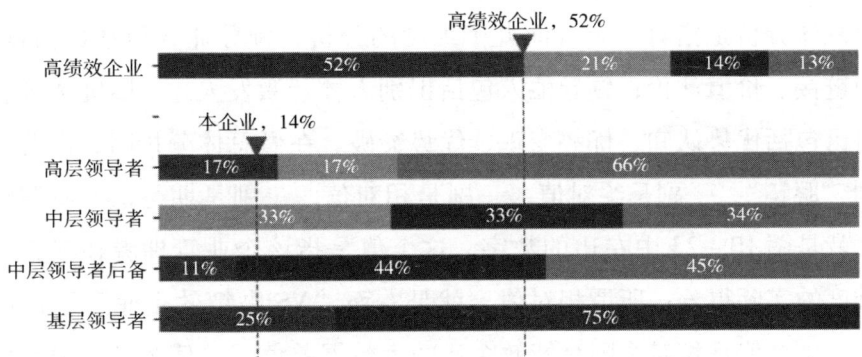

图 10-22　某大型互联网企业群体报告：按层级分析

我们可以发现：

第一，该企业的高效能领导者比例低于全国对标企业 38 个百分点，绝对值仅为 14%。通过大数据研究发现，当一个企业高效能领导者低于 20%，该企业的管理者在管理业务和领导团队方面都存在很大问题，该比例需要尽快提升。

第二，该企业的中层领导者中没有高效能领导者，要么是挫伤型领导，要么是失焦型领导，要么是低效能领导。这样的管理团队没有排头兵，导致中层有断层的风险，需要从挫伤型或者失焦型领导者中选才进行重点培养。

第三，中层后备中，失焦型领导占 44%，这种团队更多关注人的问题，而不是关注公司业务，平时表现是团队氛围很好，一团和气，但是业绩不理想，失去了管理者最本质的工作内容。管理者不能失焦，管理者更不是做老好人，在公司要解决问题，把业务管好，这个才是根本。

第四，该公司基层管理者相对而言是最好的一个群体，高效能领导者占 25%，是中层后备的 2 倍多，但是存在大量的低效能者，需要向失焦型或者挫伤型过渡转变，或者直接向高效能转变。

10.1.6.2 总体分析

总体分析是指对三个方面九个维度的分析：领导业务包括价值创造、价值链接、价值评价；领导他人包括识别人才、激发人才、赋能人才；领导自己包括优势认知、优势变现、优势突破。在做总体分析时，需要带上三副"眼镜"，一副是绝对值，一副是相对值，一副是期待值。所谓绝对值，就是图10-23中左边的数字，这个值是指该企业管理者在三方面九个维度的实际得分；所谓相对值，就是右面"VS高绩效企业"下面的百分值，这个值是相对全国高绩效企业的大数据差值，差值为负，说明低于对标；而期待值，就是自己希望自己的各项得分是多少，而不仅仅是只看报告中的数据。

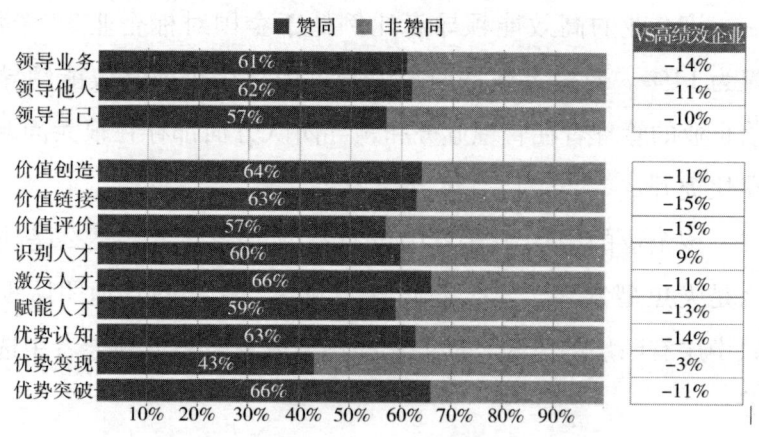

图10-23　某大型互联网企业群体报告：总体概况

通过图10-23我们可以发现：

第一，从相对值来看，该企业价值链接、价值评价是最差的，均低于对标15%，说明这个企业在战略目标分解上是有问题的，每位员工不清楚自己的工作与企业战略目标之间的关系，自己对企业意味着什么不清楚，企业对自己意味着什么也不清楚，当价值链接出现问题后，会导致一系列问题，比如，上传下达的问题、积极性问题、主人翁意识缺失问题,等等;同时,价值评价上,企业对员工的绩效计划、绩效执行、绩效评估、绩效辅导等均存在问题,员工不清楚做完一件事对自身的价值和帮助,建议该企业从上到下进行战略解码,从下到上进行绩效辅导。

第二,在报告图上,我们看到一个很关键的问题,在九个维度中,优势变现的绝对值是最低的,但是相对值却是得分相对最高的,这个数据揭示了中国领导者普遍存在的问题,即:优势变现整体偏低。所谓优势变现就是一个人能够发挥自己的优势,并把自己的优势转变成企业绩效,转变成自己的工作成果,转变成自己的核心竞争力。《中国领导者效能 TSS 调研蓝皮书(2020)》数据显示,全国范围内,男性领导者在优势变现这个维度上平均得分为 40.62 分,女性领导者在优势变现这个维度上平均得分为 42.04。这可能是因为在人才培养过程中,木桶原理影响深刻,我们的学校更注重学生的补短教育,而不是扬长教育。这个教育理念从小直接作用到学生,毕业后进入企业就是不及格的结果,这需要引起我们注意。未来,我们更应该注重扬长式人才培养,注重人的潜质评估和开发,从根本上解决问题。就该企业而言,优势变现低于高绩效企业 3%,优势突破低于高绩效企业 11%,建议该企业从优势突破上多下功夫,让员工不断放大自身的优势,实现组织的跨越式发展。

10.1.6.3 职能分析

图 10-24 这张报告图称为热点图。所谓热点图,就是越红越不好,越绿越好。

从图 10-24 可以看出:

第一,按职能划分后,中台部门问题是最大的,除了优势变现以外,其他和各项全线飘红,问题很多。另外是后台部门,如果将企业比作一个作战部队的话,那么前台是打炮弹的,中台是运输炮弹的,后台是制造炮弹的;一个作战部队,当运输炮弹、制造炮弹都出了问题后,前台通常会出现这样的声音:这仗没法打了。因此,亟须对中台部门、后台部门进行集中培训提升或者与前台轮岗。

招聘管理

领导者效能影响维度总体概况——按职能分析				
	高绩效企业	前台部门	中台部门	后台部门
价值创造	75%	70%	61%	62%
价值链接	78%	68%	59%	64%
价值评价	72%	67%	52%	55%
识别人才	69%	71%	56%	57%
激发人才	77%	76%	60%	65%
赋能人才	72%	70%	56%	55%
优势认知	77%	71%	63%	57%
优势变现	46%	46%	40%	43%
优势突破	77%	72%	62%	66%

图10-24 某大型互联网企业群体报告：按职能分析

第二，按职能划分后，在九个维度中，价值链接问题最为明显，低于对标企业大数据值10个百分点，而价值链接最大的问题在于前台，同时导致优势认知也出了问题。因此，亟须对前台进行目标分解，根据大数据池，这里建议采用DOAM分解法，将行动方向D（direction）、目标值O（objective）、行动计划A（action）、衡量标准M（measure）进行三级明确，通过三级明确，让前台知道自己的价值所在，清楚打法，理顺前台核心岗位的KPI，聚焦重点，打胜仗，并做好各任务的化学拆解和物理拆解。

10.1.6.4 中层领导者

这部分报告按照剥洋葱的逻辑进行，首先是三方面，然后是九维度，最后是若干具体问题。

从图10-25可以看出：

第一，这张报告三方面中有两盏红灯亮起，说明企业要引起注意了。三方面中的第一层洋葱是领导他人（以领导他人为例），也就是带领团队方面需要加强，那么带领团队具体在哪出了问题？我们看到第一个问题是

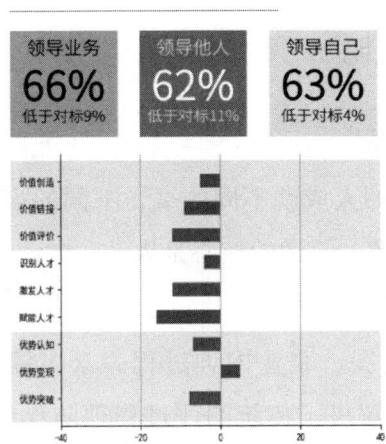

图 10-25　某大型互联网企业群体报告：中层领导者

赋能人才（第二层洋葱），也就是企业在用人的过程中没有因材施教，没有做好培养人的工作。这里建议企业通过教练技术实现赋能人才，具体有四个步骤（即积极聆听、有效提问、正向反馈、建设性反馈）进行教练赋能。

第二，我们看到领导他人的第二个突出的问题是激发人才，也就是企业中用人的问题。根据大数据池，建议该企业通过两个方面解决该问题：一个是设定激动人心的目标，这里面目标设定需要注意三个方面：组织的要求、团队的理想、成员成功的标准，重点是把团队目标和个人连接起来。另一个是通过进一步采用 VR 大数据评估，发现优势，进而实现用人所长，充分发挥每个人的长处，使其动力十足。

第三，针对九维度下的若干个具体问题（第三层洋葱），在赞同比最低的十个问题中，我们看到共性问题是人的问题：关键词"人才"出现了六次，而赋能人才出现了两次，其中"我的直属上级投入较大精力对我的个人发展进行辅导"得分为 31 分，提示该领导需要在这个具体问题上进行改进，以提高自身的领导效能。

10.1.7 VR大数据测评的应用

10.1.7.1 助力企业人才发展

所谓企业就是人的组合,不同的人成就不同的事,不同的事造就不同的未来。基于 VR 的大数据测评技术,关注的核心是人。

10.1.7.1.1 人才选拔准确性

近年来,在人才选拔、人才发展、企业内训过程,众多领军企业已经引入 VR 大数据测评技术,不仅解决了传统测评过程须防作弊的问题,而且避免了因被测者经验不同而导致的测评结果不公平不准确问题,成为企业人才测评的里程碑,也成为未来的发展趋势。当人才需求侧已经采用 VR 大数据进行人才评估,而不再是传统的问卷、量表,这对传统测评方式提出了巨大挑战。图 10-26 为 VR 测评应用于企业培训的场景。

图 10-26 VR 测评应用于企业培训的场景

10.1.7.1.2 人才潜质的鉴别

21 世纪,企业选才标准由素质选拔转变为潜质选拔,企业人力资源

（HR）由培训向引导转变，尤其注重扬长式潜能开发，更加看重员工领导力潜质的激发。人的潜质具有难察觉、形成时间早、影响持久、难于改变四大特点，导致我们用传统的测评工具很难对人的潜质进行评估，这直接催生了 VR 大数据测评技术在企业中的应用。我们知道，潜质测评需要环境激发，而这个环境在传统测评中要么很难实现，要么成本昂贵，而 VR 技术的出现恰恰解决了这个环境营造问题。

10.1.7.1.3 人才评价的客观性

企业的人才评定与发展很容易受人诟病，尤其是传统测评依赖专家评分，而专家评分依赖经验，存在主观性，大数据测评的出现，很好地解决了这个问题。大数据测评依赖的是大数据和 AI 算法而非经验，且完全客观，更不会作弊，同时潜能评估本身是发现人的长处，是因材施教、以人为本。这些特点促成了基于 VR 的大数据测评在企业人才评价中的广泛使用。

10.1.7.2 提高学校人才培养质量

（1）让个性化教学得以落地

中国的教育有悠久的历史，总结下来，无非还是孔子说的"有教无类，因材施教"。有教无类说的是教育公平性问题，经过多年的努力，我们已经实现了高等教育普及化，随之要解决的问题是因材施教，即教育质量问题，而这个问题，却一直没有真正解决好，为什么？因为因材施教也好，个性化教学也好，其前提条件都只有一个，那就是要了解学生，而我们用传统的模式很难做到这一点：一个辅导员、班主任面对上百个学生，一个教授课堂里至少几十人，都难以做到对学生的深入了解。但是随着科技的发展，这一局面出现了改变，基于 VR 的大数据测评通过科技手段实现对人的了解，用技术使教育的"因材施教"有望得以实现。

（2）激发学生学习兴趣和满意度

基于 VR 的大数据测评技术使学生不仅可以掌握测评方法，而且可以在大数据基础上构建新模型,设计新的大数据测评工具。同时,VR 技术的应用有效促进学生更好地学习相关数据分析软件,增加了趣味性。根据以往数据,参与测评和数据分析过程的学生,其实训过程的自主投入度提升了 21.8%,学生实训的时间,其投入增加了 18.7%,实训论文篇幅平均增加了 4 817 字。实践中发现,一次实训课学生不记名的满意度评分较以往提升了 17.9%。

(3) 提升教师科研水平

基于 VR 的大数据测评技术帮助教师解决了大数据科研的难点:数据采集。在采集到的大数据基础上,教师可从多角度进行数据挖掘和分析,发表高质量论文,对于申报课题、教学成果以及省级、国家级虚拟仿真项目也有了更好的抓手,并可为"双一流"建设提供硬实力,为人力资源特色化建设引入活水。

(4) 其他典型应用

基于 VR 的大数据测评技术应用广泛,从高校目前应用情况来看,包括以下几个方面:基于大数据测评技术的一系列素质测评;基于大数据测评技术的职业生涯规划、招聘管理、组织行为学等课程;高校双创教育的人才发展及培养;潜质教育;大数据专业的第一手数据源获取及具有实际应用场景的数据分析及挖掘实操;基于大数据的新测评工具研发;大数据虚拟仿真实验室建设,等等。

10.2 智能化招聘技术——AI 创新

10.2.1 智能化招聘的背景

众所周知,人力资源行业正在人工智能及数字化技术的推动下悄然发生变化。德勤在《2019 全球人力资本趋势报告》中指出:"企业必须重新考虑其人力资源技术战略,将云作为基础,并探索创新的平台、自动化和人工智能工具,以补充其核心系统的功能。"当今的技术发展为人力资源工作者提供了更好的工具,一些前沿的人力资源管理者已经开始运用聊天机器人和自动化工作流,简化流程,提高效率,降低成本。

近年来,各种 AI 应用在人力资源领域、人力资源数字化方面取得了很多创新性应用成果,尤其在招聘领域,诞生了很多基于手机端的软件机器人,下面简要介绍几种智能化招聘机器人。

10.2.2 简历解析机器人

这一 AI 创新基于语言处理和机器学习技术,提供批量简历解析服务,进行简历内容抽取和简历格式处理,帮助人力资源管理部门(HR)快速解读简历信息,对简历进行全方位探测。

该 AI 机器人可以从简历文本中智能抽取内容,对简历涉及的百余种特征作出处理,如学历、职位、专业特长、科研水平、爱好、求职意向、工作经历、高光时刻、个人贡献、过往业绩等,然后汇总反馈,从而分析简历优劣势,进而得出相关匹配指数。例如,通过智能分析,得出某简历投递者岗位匹配度指数为 79%,月薪匹配指数为 12 700 元/月,入职可能性指数为 72% 等,以此辅助招聘部门判断简历质量,提取结构化信息,完善简历结构化信息管理等。

借助机器学习和自然语言处理技术,对于简历中的非文本信息(如图片、网页等),可以进行简历格式处理,智能解析出结构化简历数据;在海量简历样本的基础上,也可以对简历进行全方位的探测以及智能解析,找到其中的无效、错误、可疑信息;还可以对简历中的亮点、疑点、错误点进行分析。例如:双学位是优点,上一份工作 3 个月主动离职是疑点,"2011—2014 年,首都经济贸易大学本科"是错误点(本科一般不少于 4 年)。

在数据安全性上,采用云端存储,多层内网防护机制加密处理传输、存储过程中的数据，符合国际数据存储法规，同时，AI机器人支持日常千万级简历处理量，能快速响应客户的速度需求。

10.2.3 人才画像机器人

人才是企业的重要资源，构建智能人才库和人才画像可以帮助企业对现有人才库进行有效管理，实时监控招聘流程，采取更优的招聘策略。

人才画像机器人可以结构化全景人才库，包括四个方面。

（1）人才特质

它从多个角度分析人才贯穿整个职业生涯的特质，从而智能推荐人才到合适的岗位。

（2）人才数据

它利用人才盘点技术发掘人才地图，全方位掌握人才数据。

（3）人才标注

它通过简历标签和员工标签整体性地统一人才标注，实现高效的智能搜索。

（4）筛选条件

它以行业为经验下的筛选条件，利用智能搜索条件，降低招聘成本。

人才画像机器人主要应用场景有两个：

第一，日常招聘，简历量大且种类多样。当前，简历增长速度较快，且申请人使用简历的形式和格式多样，为HR日常工作增加了难度，难以筛选；同一职位的众多申请人简历有时区分度不高，HR需要耗费大量时间阅读简历。利用该机器人，可以解析简历，构建人才画像，同时进行智能搜索，定位关键人才申请人。

第二，人才简历数量庞大，难以有效检索，不能快速获取关键人才信息。利用该机器人，依托知识图谱，构建完善的标签体系，可帮助HR快速了解申请人优秀程度，便于搜索，进行人才盘点。比如，输入学校名，HR无须寻找额外信息，就能对申请人的学校背景、工作背景、技能等内容进行大致了解，快速定位优质人才。图10-27为人才画像。

图 10-27 人才画像

10.2.4 人岗匹配机器人

员工招聘、员工管理都要面临一个很现实的问题：人岗是否匹配，人企是否匹配。智能人岗匹配机器人根据职位的需求、申请人特质，可进行更加全面、公平的人才评估和分析，优化招聘流程。一般通过"以人推岗、以人推人、以岗推人"的方式进行智能人岗匹配。

10.2.4.1 以人推岗

这类匹配主要的应用场景是企业内部转岗、调岗或者是某求职者求职范围相对较广时。具体操作上，先向系统上传申请人简历，系统对现有招聘职位进行智能匹配，挑选出最适合申请人的若干岗位，然后帮助申请人解决岗位问题。

10.2.4.2 以人推人

这类匹配主要的应用场景是：以企业内部优秀员工为招聘标杆，想要招到同类优质人才。具体操作上，先对优秀员工的教育背景、工作背景、掌握技能等进行深度挖掘和人才盘点，然后在现有人才库中找出与之类似的优质人才。

10.2.4.3 以岗推人

这类匹配主要的应用场景是招聘需求量大、流动性强的岗位，如销售类岗位。具体操作上，系统可以为企业定制符合企业文化的人岗匹配推荐模型，针对指定职位在人才库中进行匹配，找出最符合要求的申请人，并给出推荐理由。另外，通过以岗推人和以人推岗的智能人岗匹配模式还可以帮助猎头公司为每一个职位精准推荐合适申请人，对优质申请人可及时推荐匹配岗位，提升转化率。

表10-1是传统人岗匹配与人岗匹配机器人的对比。

表10-1 传统人岗匹配与人岗匹配机器人的对比

类别	人才简历分析	职位需求分析	海量信息处理	客观匹配分析	多种复杂因子	评价统一标准
传统	√	√	×	×	×	×
机器人	√	√	√	√	√	√

10.2.5 智能面试机器人

智能面试机器人可以在线沟通完成面试，开启意向获取、疑问解答一站式服务、胜任力模型构建、人力资源服务共享中心协同实践，它主要通过以下五个步骤完成。

10.2.5.1 职位创建

智能面试机器人首先在程序中创建职位，根据要求输入职位相关信息，如工作经验、月薪范围、学历要求、专业等。

10.2.5.2 企业品牌包装

该环节可以输入公司Logo，也可以根据公司情况选择公司定位、公司发展（如行业驰名、地区领先等），输入公司产品（如公司的明星产品）、服务企业客户数、拥有的知名客户等，填写公司团队需要招聘的职位要求（如有BAT经验、名校毕业等），然后开启智能邀约。

10.2.5.3 生成专属二维码

职位创建成功后,可以生成专属二维码,申请人可在微信公众号、朋友圈等多场景扫描进行职位信息投递。

10.2.5.4 人机对话,构建人才画像

接下来,申请人查看意向公司,与机器人进行智能问答(如了解公司定位、公司团队等相关情况),通过实时的文字和语音与机器人聊天(可以方便嵌入微信或其他聊天工具),得出申请人基本的人才画像。然后申请人填写个人信息资料(如手机号码、学历背景、专业技能等),并投递信息,机器人进行智能收集,采集简历信息,纠正或补全,以此构建更为完整的人才画像。此类机器人可以进行 BEI(Behavioral Event Interview)访谈,又称行为事件访谈法,是一种人为识别素质的有效方法,但往往耗时过长。利用机器人将这一素质评估手段 AI 化、线上化,通过智能对话机器人可高效实现对访谈者的素质评估,支持大批量并发处理,大幅节省访谈时间。

这种访谈类似于人才盘点,访谈的结果可帮助 HR 深度洞察员工素质,完善员工画像,能够应用于面试选拔、内部晋升、人员优化等多种场景。图 10 - 28 为 BEI 机器人访谈示例,图 10 - 29 为智能面试示例。

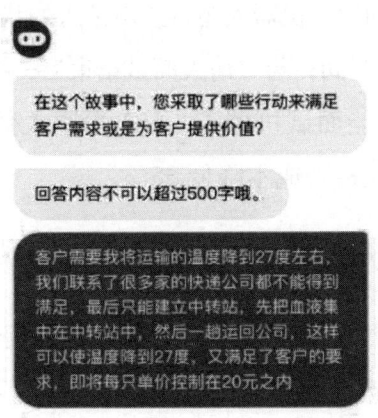

图 10 - 28 BEI 机器人访谈示例

图 10-29　智能面试示例

10.2.5.5　启动邀约，开启面试

当机器人启动邀约功能后，可以查询到申请人相关信息，找到该投递人才，点击机器人设置的人才详情页面后，可以做智能评估，完成人员初筛；对于评估符合要求的，机器人给申请人配置面试官、面试方式、面试时间，配置成功后，状态更新为"等待人才确认时间"；接下来，申请人可确认时间，申请人确认面试时间后，机器人会将该申请人的状态改为"人才将如期赴约"，并显示面试地址和时间；与申请人面试结束后，结束本次面试。

统计发现，通过智能面试机器人，HR 沟通人数每日可达 200 人，沟通效率提升 10 倍，企业招聘成本降低 35%。

10.2.6　意向确认机器人

对于未确认是否面试的申请人，可以由机器人发起"意向确认"，该机器人是一款帮助企业挖掘被动申请人的外呼机器人，是一个拟人的自动化招聘专员。在定制好话术后，HR 只需一键发起外呼任务，即可连线企业人才库中的申请人，每天可呼出 500~800 通电话。领英调查发现，全球约有

80%的在职人士可归为被动型人才,而中国企业尤其偏好招聘被动型人才。因此,该功能具有较好的应用前景。图 10-30 为自动生成外呼数据表。

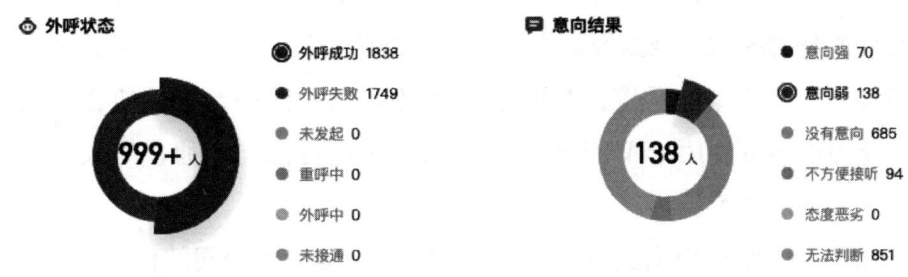

图 10-30　自动生成外呼数据报告

10.2.7　招聘问答机器人

在现实的招聘过程中,HR 往往要解答大量重复问题,比如:几号发工资?上班第一天需要带什么?面试一般多久给反馈?再比如,新员工入职流程基本类似,琐碎和重复性事务过多往往影响 HR 对招聘战略的注意力,容易让 HR 陷入"吃力不讨好"的尴尬境地。而招聘问答机器人可以帮助 HR 解答招聘过程中申请人的常见问题,建立企业员工共享服务中心,覆盖招聘、人事、行政、财务、客服以及售前等领域,进一步提升人力资源管理体验,提升申请人体验、雇主形象,还具备问题指引功能,可引导申请人查看相似问题的回答。图 10-31 为机器人助力下员工体验良性闭环。

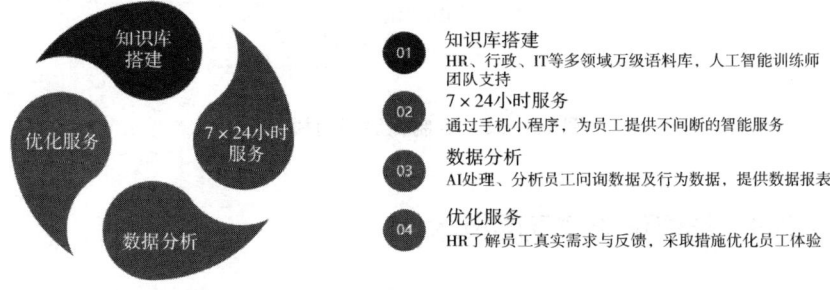

图 10-31　机器人助力下员工体验良性闭环

10.2.8　智能胜任力模型构建

值得一提的是，对于特定行业的特定岗位，还可以通过机器人构建定制化的胜任力模型，根据面试中的语音、语调等信息，通过大量特征点及海量样本，依托专家系统，智能推测申请人职业性格、团队协作、领导力、学习能力等，用"AI 面试官"代替 HR 进行意向沟通，完成人员初筛，辅助面试决策。

比如，医药销售岗位流动性高，招聘量大，是一些公司的核心竞争力之一，但申请人简历区分度不高，需要短时间内快速完成众多申请人的评估。针对这一痛点问题，可构建医药销售岗的胜任力模型，针对企业关心的核心胜任力设置结构化面试题，实现 7×24 小时地与申请人进行意向沟通，帮助 HR 完成初轮面试，提升工作效率。图 10-32 为定制化胜任力模型。

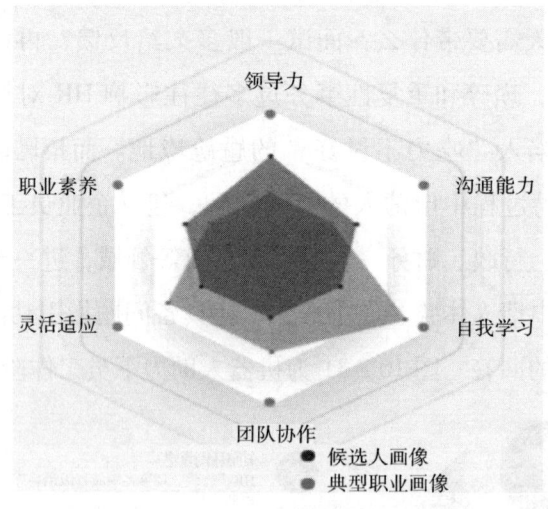

图 10-32　定制化胜任力模型

10.2.9　智能化招聘底层技术

从技术角度来看，目前基于手机端的机器人产品是以画像为核心

（非 AI 核心），基于语音识别、自然语言处理（NLP，natural language processing）也称 NLU，自然语言理解、对话管理、情感分析等 AI 技术创新研发的应用于人力资本场景的智能聊天机器人，目标是构建交互信息的采集和分析系统，打造面向 HR、员工、申请人的全场景高效的对话体验。

机器人底层是画像。智能化招聘基于多年行业积累，形成了知识图谱（见图 10-33）和 AI 数据处理能力，创新性地将传统的岗位描述、简历、员工档案整合为标准的人才画像和岗位画像。

图 10-33 人力资源知识图谱

画像可以描述企业申请人和员工各方面素质与能力，并对数据进行后续分析与决策，实现看见—洞见—预见的全周期、全流程管理。

看见：基于基础自然语言处理能力，进行简历解析和信息采集，全面、深度挖掘申请人"冰山上"和"冰山下"的信息，并解析各维度之间的联系，动态、科学地洞察人才。

洞见：通过专家模型+知识图谱+机器学习，洞悉人才画像和岗位画像，从而实现精准的人岗匹配。

预见：基于行业知识、大数据和推理模型，实现薪酬分析、发展培训、行业分析等，洞悉人才成长内在逻辑和轨迹，实现人才管理实时化与可视化，为企业战略决策提供科学依据。

思考题

1. 如何理解 VR 大数据测评的应用价值?
2. 企业如何选择 VR 大数据测验工具提升人力资源管理效率?
3. 为什么说智能化招聘是未来的趋势?
4. 如何理解人才招聘管理的专业知识与 AI 技术的关系?

参考文献

[1] E. H. 施恩. 职业的有效管理 [M]. 仇海清, 译. 北京: 生活·读书·新知三联书店, 1992.

[2] MCCLELLAND D C. Testing for competence rather than for "intelligence" [J]. The American psychologist, 1973, 28 (1): 1-14.

[3] RAYMOND E MILES et al. Organizational Strategy, Structure, and Process [J]. The Academy of Management Review, 1978, 3 (3): 546-562.

[4] 陈国海, 伍江平. 员工招聘与配置 [M]. 北京: 清华大学出版社, 2018.

[5] 高秀娟, 王朝霞. 人员招聘与配置 [M]. 北京: 中国人民大学出版社, 2013.

[6] 葛玉辉. 招聘与录用 [M]. 北京: 电子工业出版社, 2020.

[7] 黄勋敬, 赵曙明. 基于公文筐测验的商业银行高层管理人员选拔研究: 以商业银行高级人力资源经理岗位为例 [J]. 管理学报, 2011, 8 (6): 852-856.

[8] 加里·德斯勒. 人力资源管理 [M]. 北京: 中国人民大学出版社, 2004: 202-226.

[9] 况志华, 张洪卫. 人员素质测评 [M]. 上海: 上海交通大学出版社, 2006: 31.

[10] 廖泉文. 招聘与录用 [M]. 北京: 中国人民大学出版社, 2004.

[11] 李旭旦,吴文艳.员工招聘与甄选 [M].2 版.上海:华东理工大学出版社,2009.

[12] 陆雄文.管理学大辞典 [M].上海:上海辞书出版社,2013.

[13] 苏华,肖坤梅.如何做好压力面试 [J].企业管理,2008 (6):73-75.

[14] 王垒,等.实用人事测量 [M].北京:经济科学出版,1999:254.

[15] 王轲.竞争性选拔中结构化面试实例与应试技巧 [J].领导科学,2018 (33):41-43.

[16] 王凤兰,徐蕾,苑金婷.基于情景模拟面试方法的 MBA 或 MPA 研究生复试改革 [J].学位与研究生教育,2011 (10):55-58.

[17] 王丽娟.员工招聘与配置 [M].上海:复旦大学出版社,2012.

[18] 吴文艳.组织招聘管理 [M].大连:东北财经大学出版社,2008.

[19] 王秀芝,吴少杰.谁适合做商场经理:从一则"情景面试题"看商场经理的角色 [J].商场现代化,2005 (25):271-272.

[20] 袁兴.面试 [J].领导科学,2016 (18):62.

[21] 远鸣.把招聘做到极致:我这样做到世界500强招聘经理 [M].北京:中华工商联合出版社,2014.

[22] 姚裕群.员工招聘与配置 [M].北京:清华大学出版社,2016.